W0237630

weight watchers

20-Minuten-Küche

Schnelle Rezepte für jeden Tag

weightwatchers

20-Minuten-Küche

Schnelle Rezepte für jeden Tag

Inhalt

Vorwort 4
Einleitung: Feel Good Programm 6

SALATE & SNACKS 11

Wenn Sie Lust auf Salat haben oder etwas Leckeres für den Hunger zwischendurch suchen, werden Sie hier garantiert fündig: Ob **Käse-Wurst-Salat, Rucola-Spargel-Salat mit karamellisierten Walnüssen, Kichererbsen-Spinat-Salat** oder die **Mini-Paprika mit Käse-Kräuter-Füllung** – in diesem Kapitel locken tolle Rezepte schon ab 1 ***SmartPoint***. Genießen Sie **Knoblauchgarnelen mit Joghurtdip, zarte Lachsschnecken** und **Crostini mit Garnelenaufstrich.** Auch für die Gästebewirtung ist einiges dabei.

HAUPTGERICHTE MIT FLEISCH & FISCH 43

Hier gibt es schnelle Köstlichkeiten, die niemanden hungrig lassen. Wählen Sie aus zwischen traditionsreichen Gerichten wie **Himmel und Erde** und **Krautfleckerl mit Schinkenwürfeln,** mediterran inspirierten **Saltimbocca-Spießen mit Tomaten-Carpaccio, Pizza Parma mit Rucola** oder **Blitzpaella mit Shrimps.** Auch für Fans von asiatischen und exotischen Gerichten ist gesorgt: Die **Schweinefleisch-Chinakohl-Pfanne mit Sojasprossen-Reis** und die **Tex-Mex-Hähnchensteaks in würziger Tomatensauce** sorgen für Abwechslung.

VEGETARISCHE HAUPTGERICHTE

91

Hochgenuss alle, die auch mal ohne Fleisch und Fisch gut essen und satt werden wollen. Für Nudelfreunde gibt es zum Beispiel Linguine mit Mangold-Chili-Sauce oder Bunte Gemüse-Nudel-Pfanne mit Frischkäse. Außerdem locken international inspirierte Reisgerichte wie Rucola-Tomaten-Risotto. Pilzfreunde lassen sich Gefüllte Champignons auf Rucolasalat oder Pilzgeschnetzeltes mit Spätzle schmecken. Außerdem gibt es Tofuchili mit Paprikastreifen und Tortillachips, einen Pfannkuchen vom Blech, ein Veggie-Pita mit Tofu und, und, und.

DESSERTS & SÜSSES

139

Auf den folgenden Seiten finden Sie süße Überraschungen, die Sie sich als Nachspeise gönnen dürfen, als Nascherei zwischendurch oder zum Kaffeeklatsch. Wer es fruchtig mag, genießt Fruchtspieße mit Orangen-Joghurt-Dip oder Crêpes mit Pflaumen-Cranberry-Kompott. Für Freunde von cremigem Schmelz gibt es die Schoko-Minze-Creme oder Milchreis mit Erdbeeren. Wer Gebackenes liebt, sollte unbedingt das Beeren-Crumble mit Zimtstreuseln oder die Torteletts mit Himbeerquark probieren.

Register 168
Register nach *SmartPoints* 173

Feel Good – der Name ist Programm

Die Welt ist in Bewegung, wir aber auch. Wie du sicher bemerkt hast, hat sich das Bewusstsein für Ernährung, Körper und Fitness in den letzten Jahren verändert. Es hat ein Umdenken stattgefunden – weg vom reinen Gewichtsverlust hin zu einem ausgeglichenen, gesünderen Lebensstil. Diesem Bedürfnis sind wir nachgegangen. Mit dem Feel Good Programm bieten wir dir ein persönliches Programm mit zahlreichen Möglichkeiten, um genau das zu erreichen. Feel Good bietet dir ein modernes, ganzheitliches Programm, das auf jeden Teilnehmer individuell zugeschnitten wird und ausgewogene Ernährung, Bewegung und dein Wohlbefinden kombiniert – so, wie du es brauchst. Von vielfältigen Rezeptideen über sportliche, aktive Unterstützung bis zu Motivationshilfen, persönlichem Kontakt und vielem mehr. Dabei steht Abnehmen natürlich weiter klar im Mittelpunkt, doch unsere Philosophie geht weit darüber hinaus. Wir möchten zu einem guten Lebensgefühl beitragen. Zu besserer, ausgewogener Ernährung. Zu attraktiverem Aussehen und positiver Ausstrahlung.

Drei Dinge sind die Grundlage für deine erfolgreiche Abnahme: food, fit, feel!

Das neue Feel Good Programm.

food

Smarter abnehmen.

Wir machen unser Punktesystem noch schlauer. Mit den SmartPoints! Denn Kalorien sind nicht gleich Kalorien. Worauf es ankommt?

Wir zeigen es dir

fit

Auszeit wird Aktivzeit.

Gemeinsam entwickeln wir dein persönliches Fitnessziel. So, wie es für dich am besten passt.

Mehr erfahren

feel

Das Wichtigste – du!

Bei allem, was du tust, sollst du dich wohlfühlen. Hör auf dein Bauchgefühl und finde die Balance zwischen Disziplin und Unbeschwertheit.

Wir helfen dir

EIN PLAN, DER FUNKTIONIERT

+ ABNEHMEN IST JETZT SMART

Wir machen unser Punktesystem jetzt noch schlauer. Wie? Mit den SmartPoints! Die SmartPoints Formel wurde nach allerneuesten wissenschaftlichen Erkenntnissen entwickelt. Kalorien sind die Basis. Lebensmittel, die viel Eiweiß enthalten, haben wenige SmartPoints. Und diejenigen, die viel Zucker und gesättigte Fettsäuren enthalten, haben viele SmartPoints. So wirst du förmlich zu den gesunden Lebensmitteln gestupst. Teilnehmer, die die SmartPoints genutzt haben, finden es einfacher, gesünder zu essen, und sind insgesamt zufriedener mit dem Programm und ihrem Erfolg*.

(*Quelle: Qualitative Marktforschung, August 2015)

+ JETZT KOMMT BEWEGUNG INS LEBEN

Bewegung ist wichtig. Warum? Man fühlt sich fitter. Verbraucht Energie. Und ist einfach gut drauf. Daher werden Fitness und Sport zu einem noch wichtigeren Teil des Programms. Zusammen entwickeln wir einen Plan für dein persönliches Aktivitätsziel. Was wir dir mit auf den Weg geben: Motivation, praktische Tipps, Fitness-Videos und clevere Tools.

+ DAS WICHTIGSTE BIST DU!

Die Eckpfeiler für ein gesundes, bewusstes Leben? Eine ausgeglichene, positive Einstellung. Mit Feel Good zeigen wir dir, wie du deine innere Balance findest, sodass du dich rundum wohlfühlst und glücklich bist.

Die Entdeckung der Gelassenheit

Weight Watchers und Yoga, das ist für Margarethe (40) die perfekte Kombi. 14 Kilo hat die Baumschulkauffrau aus Ellerhoop in nur einem halben Jahr abgenommen, weil sie mehr auf sich geachtet hat. Dass die Dreifach-Mama wieder in Größe 38 passt, ist natürlich auch top!

Der Samstag war früher immer mein „Belohnungstag" nach einer stressigen Woche, da habe ich losgelassen: Mit meinem Mann und unseren drei Kindern habe ich erstmal reichlich gefrühstückt, am Nachmittag gab es dann Kuchen und abends noch eine Pizza. Ich habe das zwar sehr genossen, aber trotzdem war ich gerade samstags auch oft gefrustet. Warum, das habe ich mir lange nicht eingestanden. Erst vor zwei Jahren, in einem meiner vielen Selbstgespräche, habe ich mich dann mal ernsthaft gefragt: „Warum bist du bloß so oft unzufrieden mit dir?" Es war das Gewicht, ganz klar. Und dann habe ich mich weiter gefragt: „Willst du dich mit deinen Kilos arrangieren?" Und die Antwort war: „Nein". Als ich mir das eingestanden habe, habe ich mich sofort bei Weight Watchers Online angemeldet. Eigentlich wollte ich nur fünf oder sechs Kilo abnehmen – die letzten lästigen Schwangerschaftskilos. Doch weil ich mich lange nicht so gut gefühlt hatte wie mit Weight Watchers, habe ich einfach weitergemacht.

Mehr als nur ein gutes Gefühl

Gleichzeitig habe ich den perfekten Sport für mich gefunden: Yoga! Durch Yoga habe ich mich und meinen Körper besser kennengelernt und bin insgesamt viel freundlicher zu mir selbst geworden. Früher war ich irgendwie immer in der Diskussion mit mir selbst und das war auf Dauer ganz schön anstrengend. Heute bin ich offener und mutiger, nehme mir aber auch mehr Zeit. Ich bin vor allem auch deshalb so ausgeglichen, weil ich dieses Gefühl nicht mehr im Nacken habe, dass ich doch eigentlich zu viel wiege und abnehmen will.

Durchstarten nach dem „Error-Tag"

Beim Abnehmen lief natürlich nicht immer alles perfekt. Die Tage, an denen ich über die Stränge geschlagen habe, habe ich „Error-Tage" genannt. Das waren zum Beispiel Tage, an denen ich mir ein Glas Wein eingeplant hatte, aber zwei trank. Weil es mit den Freunden so nett oder weil die Stimmung so schön war. Ich habe aber gelernt, mir das zu „verzeihen". Am nächsten Tag habe ich dann wieder voll durchgestartet. Gut gefallen hat mir, dass ich bei Weight Watchers Online auch jede Menge Durchhaltetipps bekommen habe.

Schön satt statt vollgestopft

Mein Gewicht halte ich jetzt schon über ein Jahr. Das liegt sicher vor allem daran, dass sich meine Einstellung zum Essen komplett geändert hat. Ich bin viel wählerischer geworden. Inzwischen ist die Ernährungsumstellung einfach so drin. Ich esse nicht gesund, weil es vernünftig ist, sondern weil ich es möchte. Endlich bin ich schön satt – und nicht so vollgestopft wie früher. Dieses Völlegefühl, das vermisse ich wirklich gar nicht. Und ganz nebenbei entwickeln auch unsere Kinder ein tolles Essverhalten.

Margarethes Feel Good Tipps

• Kochen entspannt mich: Wenn die Kinder im Bett sind, bereite ich das Essen für den nächsten Tag vor. Das Schnippeln der Zutaten ist mein Anti-Stress-Programm.

• Wenn ich für mich und meinen Mann einen Auflauf mache, teile ich die Portionen sofort auf: eine für mich, zwei für meinen Mann, die letzte Portion friere ich ein. So habe ich immer einen „Plan B" in der Gefriertruhe.

„Ich bin nicht mehr so streng zu mir und habe dadurch mehr Energie."

Margarethe
Alter: 40 Jahre
Abnahme: –14 kg*

* Mit Weight Watchers kannst du bis zu 1 kg pro Woche abnehmen. Abnahmeresultate können von Person zu Person variieren und können nicht garantiert werden.

• Süßes kaufe ich fast gar nicht mehr. Eine Packung Toffifee wandert nur dann in den Einkaufswagen, wenn ich mir sicher bin, dass ich nicht alles auf einmal esse. Ansonsten gilt: Was ich nicht zu Hause habe, kann ich auch nicht essen.

Für zwischendurch

SALATE & SNACKS

Für den kleinen Hunger finden Sie hier kalte und warme Köstlichkeiten: Klassiker auf leichte Art und Überraschendes mit einem Hauch Mittelmeer, Asien oder Orient.

vegetarisch

Asiasalat mit Glasnudeln

pro Person

7 SmartPoints Wert

Zutaten für 2 Personen:

80g Glasnudeln
2 Möhren
70g Mungobohnensprossen
2 Frühlingszwiebeln
6 EL Sojasauce
50ml Gemüsebrühe (2 Prisen Instantpulver)
2 TL Sesamöl
1 TL Tomatenmark
1 EL gehackter Koriander (frisch oder TK)
1/2 TL gemahlener Ingwer
Pfeffer
10 Cashewkerne
nach Belieben Koriander zum Garnieren

1 Die Glasnudeln in eine Schüssel geben, mit kochendem Wasser übergießen und ein paar Minuten ziehen lassen.

2 Die Möhren putzen, schälen und auf der Gemüsereibe raspeln. Die Mungobohnensprossen in ein Sieb geben, waschen und abtropfen lassen. Die Frühlingszwiebeln putzen, waschen und in Ringe schneiden. Für das Dressing die Sojasauce mit Brühe, Öl, Tomatenmark und Koriander verquirlen. Mit Ingwer und Pfeffer würzen.

3 Die Glasnudeln in ein Sieb abgießen, kalt abschrecken und abtropfen lassen. Nach Belieben mit einer Schere mehrmals durchschneiden. Mit Möhren, Sprossen und Frühlingszwiebeln in einer Schüssel vermischen. Das Dressing dazugeben und gut mit den Zutaten mischen. Die Cashewkerne hacken und über den Asiasalat streuen. Den Salat auf Tellern verteilen, nach Belieben mit etwas Koriander garnieren und servieren.

exotisch

Reis-Geflügel-Salat mit Papaya

pro Person

11 SmartPoints Wert

Zutaten für 2 Personen:

1 Beutel Minutenreis (125 g)
Salz
120 g Putenschnitzel
1 TL Rapsöl
Pfeffer
1 Dose Mais (140 g Abtropfgewicht)
1 kleine Papaya
125 g Magermilchjoghurt
1/2 TL Currypulver
1/2 TL Paprikapulver
1–2 EL Limettensaft
1 EL Schnittlauchröllchen (frisch oder TK)
nach Belieben Limettenspalten und Oregano zum Garnieren

1 Den Minutenreis nach Packungsangabe in Salzwasser garen. Das Putenschnitzel waschen, trocken tupfen und in schmale Streifen schneiden. Das Öl in einer Pfanne erhitzen und die Schnitzelstreifen darin ca. 5 Minuten rundherum braten. Mit Salz und Pfeffer würzen. Den Mais in ein Sieb abgießen und abtropfen lassen.

2 Die Papaya schälen und halbieren. Die Kerne mit einem Löffel entfernen und das Fruchtfleisch in Würfel schneiden. Für das Dressing den Joghurt mit Curry- und Paprikapulver, Limettensaft und Schnittlauchröllchen verrühren. Mit Salz und Pfeffer abschmecken.

3 Den Reis in ein Sieb abgießen und mit kaltem Wasser abbrausen. Den Reis mit Schnitzel, Mais und Papaya in eine Schüssel geben. Das Dressing dazugeben und gut mit den Zutaten mischen. Den Salat auf Tellern verteilen, nach Belieben mit Limettenspalten und Oregano garnieren und servieren.

mit feiner Schärfe

Wasabi-Schinken-Röllchen mit Röstbaguette

pro Person

6 SmartPoints Wert

Zutaten für 2 Personen:

2 TL Halbfettmargarine
2 TL gehackte Petersilie (frisch oder TK)
4 Scheiben Baguette
Meersalz
Pfeffer
300 g Rettich
3 EL Frischkäse (bis 1 % Fett absolut)
1/2 TL Wasabipaste
8 Scheiben Lachsschinken

1 Den Backofen auf 200 °C (Gas Stufe 3, Umluft 180 °C) vorheizen. Die Margarine mit 1 TL Petersilie verrühren und die Baguettescheiben dünn damit bestreichen. Im Backofen auf der mittleren Schiene ca. 5 Minuten rösten. Mit Meersalz und Pfeffer würzen.

2 Den Rettich putzen und schälen. Mit einem Sparschäler der Länge nach einige dünne Streifen abschneiden. Den Frischkäse mit dem Wasabi verrühren und den Lachsschinken mit der Creme bestreichen. Lachsschinken auf die Rettichstreifen legen, aufrollen und mit Holzspießen feststecken. Restlichen Rettich in Scheiben schneiden, mit Salz, Pfeffer und übriger Petersilie würzen. Je vier Wasabi-Schinken-Röllchen mit geröstetem Baguette und Rettichscheiben auf einem Teller anrichten und servieren.

vegetarisch

Bohnencreme mit Gemüsesticks

pro Person

4 SmartPoints Wert

Zutaten für 2 Personen:

1 Dose weiße Bohnen (255 g Abtropfgewicht)
1 kleine Knoblauchzehe
50 ml Gemüsebrühe (2 Prisen Instantpulver)
1–2 TL Zitronensaft
1 TL Tahin-Sesampaste (ersatzweise 1 TL helle Sesamsamen)
Salz
Pfeffer
2 Stangen Staudensellerie
3 Möhren
nach Belieben Zitronenzesten, Chiliflocken und Kräuter zum Garnieren

1 Die Bohnen in ein Sieb abgießen, abbrausen und abtropfen lassen. Den Knoblauch schälen und durch die Presse in eine Schüssel drücken. Bohnen, Brühe, Zitronensaft und Sesampaste dazugeben und alle Zutaten mit dem Pürierstab pürieren. Die Bohnencreme mit Salz und Pfeffer abschmecken.

2 Den Staudensellerie putzen und waschen, die Möhren putzen und schälen. Beides in Stifte schneiden. Die Bohnencreme nach Belieben mit Zitronenzesten, Chiliflocken und frischen Kräutern garnieren und mit den Gemüsesticks servieren.

Klassiker auf leichte Art

Käse-Wurst-Salat

pro Person

10 SmartPoints Wert

Zutaten für 2 Personen:

100 g Edamer in Scheiben (30 % Fett i. Tr.)
100 g Mortadella in Scheiben
100 g Gewürzgurken
1/2 Bund Radieschen
1 würziger Apfel (z. B. Elstar)
1 EL Apfelessig
1 TL körniger Senf
2 EL saure Sahne
1 EL gehackte Petersilie (frisch oder TK)
Salz
Pfeffer
nach Belieben Meerrettich und Kräuter zum Garnieren

1 Den Edamer und die Mortadella in Streifen schneiden. Die Gewürzgurken abtropfen lassen, dabei 75 ml des Suds auffangen. Die Gurken in Streifen schneiden. Die Radieschen putzen, waschen und in dünne Scheiben hobeln oder schneiden. Den Apfel waschen und vierteln, vom Kerngehäuse befreien und in kleine Würfel schneiden.

2 Für das Dressing den Gurkensud mit Apfelessig, Senf, saurer Sahne und Petersilie vermischen. Mit Salz und Pfeffer abschmecken. Käse-, Wurst- und Gurkenstreifen, Radieschenscheiben und Apfelwürfel mit dem Dressing mischen. Den Salat nach Belieben mit frischem Meerrettich und Kräutern garnieren und servieren.

vegetarisch

Rucola-Spargel-Salat mit karamellisierten Walnüssen

pro Person

7 SmartPoints Wert

Zutaten für 2 Personen:

250 g grüner Spargel (ersatzweise Spargel aus dem Glas)
Salz
75 g Rucola
150 g kernlose blaue Weintrauben
125 g Magermilchjoghurt
2 EL Salatcreme (23 % Fett)
3 EL Gemüsebrühe (2 Prisen Instantpulver)
2 EL Apfelessig
Pfeffer
1 EL Puderzucker
2 EL gehackte Walnüsse

1 Den Spargel waschen und im unteren Drittel schälen. Die holzigen Enden abschneiden und die Stangen in ca. 2 cm lange Stücke schneiden. In einem Topf Wasser zum Kochen bringen und salzen. Den Spargel darin ca. 5 Minuten bissfest garen. Inzwischen den Rucola verlesen, waschen und trocken schütteln. Die Weintrauben waschen und halbieren.

2 Für das Dressing den Joghurt mit Salatcreme, Brühe und Essig verrühren. Mit Salz und Pfeffer kräftig abschmecken. Den Spargel in ein Sieb abgießen und abtropfen lassen. Den Puderzucker in einer Pfanne schmelzen, die Walnüsse dazugeben und rühren, bis der Puderzucker karamellisiert ist.

3 Rucola, Spargel und Weintrauben auf Tellern anrichten und mit dem Dressing beträufeln. Mit den karamellisierten Walnüssen bestreuen und servieren.

vegetarisch

Mini-Paprika mit Käse-Kräuter-Füllung

pro Person

3 SmartPoints Wert

Zutaten für 2 Personen:

300 g Mini-Paprikaschoten („Snack-Paprika")
1 kleine Knoblauchzehe
150 g Frischkäse (bis 1 % Fett absolut)
100 g körniger Frischkäse (20 % Fett i. Tr.)
1 EL gemischte gehackte Kräuter
(z. B. Petersilie, Schnittlauch, Thymian)
Salz
Pfeffer
nach Belieben Kräuter zum Garnieren

1 Die Paprikaschoten waschen. Am Stielende einen Deckel abschneiden und beiseitelegen. Paprika von Trennwänden und Samen befreien. Den Knoblauch schälen und durch die Presse in eine Schüssel drücken. Mit Frischkäse, körnigem Frischkäse und den Kräutern verrühren. Die Käsecreme mit Salz und Pfeffer abschmecken.

2 Die Mini-Paprikaschoten mit der Käse-Kräuter-Creme füllen und nach Belieben mit frischen Kräutern garnieren. Mini-Paprika auf Teller verteilen und servieren.

TIPP!

Statt Mini-Paprikaschoten können Sie auch 300 g Cocktailtomaten aushöhlen und mit der Käsecreme füllen.

auch für Gäste

Salatschiffchen mit Sellerie-Schinken-Füllung

pro Person

1 SmartPoints Wert

Zutaten für 2 Personen:

1 Scheibe gekochter Schinken
1 Glas Selleriesalat (190 g Abtropfgewicht)
50 g fettarmer Joghurt
1 EL Schnittlauchröllchen (frisch oder TK)
Salz
Pfeffer
1 Prise Zucker
1/2 Romanasalatherz

1 Für die Füllung den Schinken in Würfel schneiden. Den Selleriesalat in ein Sieb abgießen und abtropfen lassen. Den Selleriesalat in eine Schüssel geben und mit Schinkenwürfeln, Joghurt und Schnittlauchröllchen verrühren. Mit Salz, Pfeffer und Zucker abschmecken.

2 Die Blätter vom Romanasalat ablösen, waschen und trocken schleudern. Die Sellerie-Schinken-Füllung auf den Salatblättern verteilen und die Salatschiffchen servieren.

immer wieder anders, immer wieder gut

Bunter Nudelsalat

pro Person

9 SmartPoints Wert

Zutaten für 2 Personen:

100 g Spiralnudeln
Salz
50 g Erbsen (TK)
150 g fettarmer Joghurt
1 EL Gemüsebrühe (1 Prise Instantpulver)
1 TL Zitronensaft
1 TL Senf
Pfeffer
einige Tropfen flüssiger Süßstoff
2 Tomaten
100 g Champignons
60 g Putenbrustaufschnitt
1 Scheibe Gouda (30 % Fett i. Tr.)
1 TL gemischte gehackte Kräuter (frisch oder TK)

1 Die Nudeln in Salzwasser nach Packungsangabe garen. Die gefrorenen Erbsen ca. 5 Minuten vor Ende der Garzeit dazugeben und mitgaren.

2 Joghurt, Brühe, Zitronensaft und Senf zu einem Dressing verrühren, mit Salz, Pfeffer und etwas Süßstoff abschmecken. Nudeln und Erbsen in ein Sieb abgießen, kalt abbrausen und gut abtropfen lassen. In eine Schüssel geben und mit dem Dressing vermischen.

3 Die Tomaten waschen und ohne die Stielansätze in Würfel schneiden. Die Champignons putzen, trocken abreiben und in Scheiben schneiden. Putenbrustaufschnitt und Gouda in Würfel schneiden. Tomaten, Champignons, Putenbrust und Gouda unter die Nudel-Erbsen-Mischung rühren. Den Salat mit Salz und Pfeffer abschmecken, mit den Kräutern bestreuen und servieren.

raffiniert mit leichter Schärfe

Kartoffel-Spargel-Salat mit geräuchertem Forellenfilet

pro Person

7 SmartPoints Wert

Zutaten für 2 Personen:

300 g weißer Spargel (ersatzweise Spargelstücke aus dem Glas)
Salz
400 g festkochende Kartoffeln
100 g Kirschtomaten
1 geräuchertes Forellenfilet (à 60 g)
150 g fettarmer Joghurt
1 EL Zitronensaft
1 TL Meerrettich (aus dem Glas)
Pfeffer
1 Prise Zucker
½ Kästchen Kresse

1 Den Spargel waschen und schälen, die holzigen Enden abschneiden und die Stangen in ca. 4 cm lange Stücke schneiden. In einem Topf Wasser zum Kochen bringen und salzen. Die Spargelstücke darin 10–15 Minuten garen. (Spargel aus dem Glas vorsichtig in ein Sieb gießen und gut abtropfen lassen.)

2 Die Kartoffeln waschen, schälen und in dünne Scheiben schneiden. In einem zweiten Topf Wasser zum Kochen bringen und salzen, die Kartoffelscheiben darin 7–10 Minuten garen. Die Kirschtomaten waschen und halbieren. Das Forellenfilet in Stücke schneiden oder zupfen.

3 Für das Dressing den Joghurt mit Zitronensaft und Meerrettich verrühren. Mit Salz, Pfeffer und Zucker würzen. Kartoffelscheiben und Spargelstücke nacheinander in ein Sieb abgießen, abtropfen lassen und in eine Schüssel geben. Mit den Kirschtomaten und dem Forellenfilet mischen. Das Dressing dazugeben und alle Zutaten gut mischen. Den Kartoffel-Spargel-Salat mit Salz und Pfeffer abschmecken. Die Kresse abschneiden, den Salat damit bestreuen und servieren.

asiatisch-mediterran inspiriert

Knoblauchgarnelen mit Joghurtdip

pro Person

3 SmartPoints Wert

Zutaten für 2 Personen:

1 Knoblauchzehe
3 TL Zitronensaft
1/2 TL Sambal oelek
2 TL Sojasauce
250 g küchenfertige Garnelen
1 kleiner Zweig Rosmarin
1 TL Olivenöl
125 g fettarmer Joghurt
1/4 TL Chiliflocken
Salz
Paprikapulver
nach Belieben Zitronenspalten zum Garnieren

1 Den Knoblauch schälen und durch die Presse in ein Schälchen drücken. Mit 2 TL Zitronensaft, 1/4 TL Sambal oelek und Sojasauce zu einer Marinade verrühren. Die Garnelen kalt waschen, trocken tupfen und mit der Marinade in einen Gefrierbeutel geben. Garnelen und Marinade gut vermischen.

2 Den Rosmarin waschen und trocken schütteln. Das Öl in einer Pfanne erhitzen, die Garnelen mit der Marinade und dem Rosmarin darin 2–3 Minuten rundherum braten.

3 Für den Dip den Joghurt mit dem restlichen Sambal oelek, den Chiliflocken und dem restlichen Zitronensaft vermischen. Mit Salz und Paprikapulver abschmecken. Die Knoblauchgarnelen nach Belieben mit Zitronenspalten garnieren und mit dem Joghurtdip servieren.

auch für Gäste

Marinierte Rote Bete mit Entenbrust

pro Person

5 SmartPoints Wert

Zutaten für 2 Personen:

2 Rote Beten (vorgegart, vakuumverpackt)
4 Scheiben geräucherte Entenbrust
50 ml Orangensaft
1 TL Rapsöl
2 EL Weißweinessig
1 EL Sojasauce
1 EL gehackte Petersilie (frisch oder TK)
Salz | grob gemahlener Pfeffer

1 Die Roten Beten abtropfen lassen und in dünne Scheiben schneiden oder hobeln. Dachziegelartig auf Tellern auslegen. Die Entenbrustscheiben darauf anrichten.

2 Für die Marinade den Orangensaft mit Öl, Essig, Sojasauce und Petersilie verquirlen, kräftig salzen und pfeffern. Die Roten Beten und Entenbrust mit dem Dressing beträufeln und servieren.

italienisch fein

Insalata tonno mit Oliven

pro Person

4 SmartPoints Wert

Zutaten für 2 Personen:

1/2 Romanasalat (ca. 250 g)
2 Tomaten
10 entsteinte grüne Oliven (in Lake)
1 gelbe Paprikaschote
1 kleine rote Zwiebel
1/2 Dose Thunfisch (im eigenen Saft, 75 g Abtropfgewicht)
2 TL Olivenöl
2 EL Aceto balsamico bianco
1 TL Honig
Salz
bunter Pfeffer
1 TL Kapern

1 Den Romanasalat waschen, trocken schleudern und in mundgerechte Stücke zupfen. Die Tomaten waschen und in Spalten schneiden, dabei die Stielansätze entfernen. Die Oliven in Ringe schneiden. Die Paprikaschote halbieren, Trennwände und Kerne entfernen, die Hälften waschen und in Streifen schneiden. Die Zwiebel schälen und in Ringe schneiden. Den Thunfisch abtropfen lassen und in Stücke zupfen.

2 Für das Dressing das Öl mit dem Essig, Honig und 2 EL Wasser verrühren. Mit Salz und buntem Pfeffer würzen. Den Romanasalat in einer Schüssel mit den Tomatenspalten, Olivenringen, Paprikastreifen, Zwiebelringen, Kapern und Thunfisch vermengen. Den Salat mit dem Dressing beträufeln und servieren.

vegetarisch

Minipizza »Spinat-Mozzarella«

pro Person

7 SmartPoints Wert

Für 2 Personen:

200 g Spinat (TK)
1 EL geriebener Parmesan
Salz | Pfeffer
2 Toastbrötchen
2 EL Tomatenmark
1 EL gehacktes Basilikum (frisch oder TK)
1 Kugel Mozzarella light (125 g)
nach Belieben Basilikum zum Garnieren

1 Den Spinat mit 1 EL Wasser in einen Topf geben und bei schwacher Hitze ca. 7 Minuten dünsten, bis er aufgetaut und die Flüssigkeit verdampft ist. Den Parmesan unterrühren und den Spinat mit Salz und Pfeffer abschmecken. Den Backofen auf 200 °C (Gas Stufe 3, Umluft 180 °C) vorheizen.

2 Inzwischen die Toastbrötchen aufschneiden und kurz im Toaster rösten. Das Tomatenmark mit dem Basilikum verrühren und die Brötchenhälften damit bestreichen. Den Mozzarella abtropfen lassen und in Scheiben schneiden.

3 Den Spinat auf den Minipizzas verteilen und mit Mozzarellascheiben belegen. Die Pizzas auf ein mit Backpapier ausgelegtes Backblech legen und im heißen Ofen auf der mittleren Schiene ca. 5 Minuten überbacken. Je 2 Minipizzas »Spinat-Mozzarella« auf einem Teller anrichten, nach Belieben mit Basilikum garnieren und servieren.

vegetarisch

Orientalischer Couscous-Salat

pro Person

7 SmartPoints Wert

Zutaten für 2 Personen:

100 g Couscous
Salz
200 g Cocktailtomaten
1/2 Salatgurke
1–2 EL gehackte Minze (frisch oder TK)
75 ml Gemüsebrühe (1/2 TL Instantpulver)
1 EL Zitronensaft
2 TL Rapsöl
1/4 TL gemahlener Kreuzkümmel
Pfeffer
nach Belieben Zitronenscheiben
und Minze zum Garnieren

1 Den Couscous in eine Schüssel geben und mit 125 ml kochendem Salzwasser übergießen. Ca. 10 Minuten quellen lassen. Inzwischen Tomaten und Gurke waschen, die Tomaten ohne Stielansätze halbieren und die Gurke in Würfel schneiden. Den Couscous mit einer Gabel auflockern, Tomatenhälften, Gurkenwürfel und die Minze unterheben.

2 Für das Dressing die Brühe mit Zitronensaft, Öl und Kreuzkümmel verrühren. Mit Salz und Pfeffer kräftig abschmecken und Dressing unter den Salat heben. Den Couscous-Salat nach Belieben mit Zitronenscheiben und Minze garnieren und servieren.

vegetarisch

Kichererbsen-Spinat-Salat

pro Person

7 SmartPoints Wert

Zutaten für 2 Personen:

1 Dose Kichererbsen (265 g Abtropfgewicht)
125 g Babyspinat
1 TL Rapsöl
100 ml Gemüsebrühe (1/2 TL Instantpulver)
1/4 TL Harissa (scharfe Gewürzpaste)
1 EL Limettensaft
Salz | Pfeffer
1 Msp. gemahlener Kreuzkümmel
75 g Schafkäse light

1 Die Kichererbsen in ein Sieb abgießen, abbrausen und abtropfen lassen. Den Spinat waschen, trocken schleudern und in einer Schüssel mit den Kichererbsen mischen.

2 Für das Dressing das Öl mit Brühe, Harissa und Limettensaft verquirlen. Mit Salz, Pfeffer und Kreuzkümmel kräftig abschmecken.

3 Den Salat auf Tellern anrichten. Den Schafkäse in Würfel schneiden und darüberstreuen. Den Kichererbsen-Spinat-Salat mit dem Dressing beträufeln und servieren.

asiatisch inspiriert

Reispapierrollen mit Mango-Salat-Füllung

pro Person

4 SmartPoints Wert

Zutaten für 2 Personen:

1 Blatt Kopfsalat
1 Mango
2 EL Mungobohnensprossen
2 Scheiben Roastbeef
2 EL süßsaure Sauce (Fertigprodukt)
1 TL Limettensaft
Salz | Pfeffer
8 Blätter Reispapier (Ø 16 cm; aus dem Asienladen)
4 EL Sojasauce
½ TL Sambal oelek
nach Belieben Limettenspalten zum Garnieren

1 Für die Füllung das Salatblatt waschen, trocken tupfen und in feine Streifen schneiden. Die Mango schälen, das Fruchtfleisch vom Stein schneiden und ein Viertel davon in kleine Würfel schneiden. Das restliche Mangofleisch in Streifen schneiden und zur Seite stellen.

2 Die Mungobohnensprossen waschen und abtropfen lassen. Das Roastbeef in Streifen schneiden. Alle vorbereiteten Zutaten ohne die Mangostreifen mit süßsaurer Sauce und Limettensaft mischen, mit Salz und Pfeffer abschmecken.

3 Die Reispapierblätter nach Packungsangabe einweichen und jeweils 2 Blätter übereinanderlegen. Die Füllung in die Mitte verteilen, die Ränder seitlich über die Füllung schlagen und die Blätter dann von unten nach oben aufrollen.

4 Für die Würzsauce Sojasauce mit dem Sambal oelek verrühren. Die gefüllten Reispapierrollen auf Teller verteilen und mit der Würzsauce und den Mangostreifen servieren. Nach Belieben mit Limettenspalten garnieren.

Klassiker auf leichte Art

Matjessalat mit Joghurtdressing und Pumpernickel

pro Person

12 SmartPoints Wert

Zutaten für 2 Personen:

150 g Matjesfilets
1 Schalotte
2 Gewürzgurken
1 kleiner süßer Apfel (z. B. Pink Lady)
250 g fettarmer Joghurt
2 EL saure Sahne
2 EL Gurkensud
1 EL Zitronensaft
1 TL gehackter Dill (frisch oder TK)
Salz | Pfeffer
2 Scheiben Pumpernickel
nach Belieben Chiliflocken und Dill zum Garnieren

1 Die Matjesfilets abbrausen, trocken tupfen und in Stücke schneiden. Die Schalotte schälen und in feine Ringe schneiden. Die Gewürzgurken abtropfen lassen und in Scheiben schneiden. Den Apfel waschen, vierteln, vom Kerngehäuse befreien und in Scheiben schneiden.

2 Für das Dressing den Joghurt mit saurer Sahne, Gurkensud, Zitronensaft und Dill verrühren und mit Salz und Pfeffer abschmecken. Alle Salatzutaten in einer Schüssel mischen und das Dressing darübergeben. Den Matjessalat nach Belieben mit Chiliflocken und Dill garnieren und mit je 1 Scheibe Pumpernickel servieren.

fein für Gäste

Lachsschnecken

pro Person

6 SmartPoints Wert

Zutaten für 1 Blech (4 Personen):

4 Eier
3 TL gehackter Dill (frisch oder TK)
Salz
grob gemahlener Pfeffer
200 g Frischkäse (bis 1 % Fett absolut)
1 EL Limettensaft
200 g Räucherlachs
4 Blätter Kopfsalat

1 Den Backofen auf 180 °C (Gas Stufe 2, Umluft 160 °C) vorheizen. Die Eier mit 2 TL Dill schaumig aufschlagen, salzen und pfeffern. Auf ein mit Backpapier ausgelegtes Backblech gießen und im heißen Ofen auf der mittleren Schiene ca. 10 Minuten stocken lassen.

2 Die gestockte Eiermasse etwas abkühlen lassen. Den Frischkäse mit dem Limettensaft glatt rühren, mit Pfeffer abschmecken und auf die Eiermasse streichen. Mit dem Räucherlachs belegen. Den belegten Eierkuchen von der langen Seite her aufrollen und die Rolle in acht Scheiben schneiden. Die Salatblätter waschen und trocken tupfen. Die Lachsschnecken auf Salatblättern anrichten, mit dem restlichem Dill garnieren und servieren.

italienisch-deutsche Fusion

Crostini mit Garnelenaufstrich

pro Person

5 SmartPoints Wert

Zutaten für 2 Personen:

1 Glas Gewürzgurken (ca. 190 g Abtropfgewicht)
75 g Magerquark
1 EL fettarme Milch
50 g küchenfertige Garnelen (aus dem Kühlregal)
1 TL gehackter Dill (frisch oder TK)
Salz
Pfeffer
4 Scheiben Baguette (à 25 g)
1/2 TL rosa Pfefferbeeren

1 Den Backofen auf 180 °C (Gas Stufe 2, Umluft 160 °C) vorheizen. Die Gewürzgurken abtropfen lassen und 1 Gurke in kleine Würfel schneiden. Den Quark mit der Milch glatt rühren. Die Garnelen abtropfen lassen und mit den Gurkenwürfeln und 1/2 TL Dill unter den Quark rühren. Den Garnelenaufstrich mit Salz und Pfeffer abschmecken.

2 Die Baguettescheiben im heißen Ofen auf der mittleren Schiene ca. 5 Minuten rösten. Mit dem Garnelenaufstrich bestreichen und mit dem restlichen Dill und den Pfefferbeeren garnieren. Die Crostini mit den übrigen Gewürzgurken auf Tellern anrichten und servieren.

Zum Sattessen!

HAUPTGERICHTE MIT FLEISCH & FISCH

Vielfalt inspiriert von den Küchen der Welt: Genießen Sie Putencurry, zarte Fleischspieße oder Pizza mit Schinken ebenso wie Fischfilet, Paella oder Garnelenpfanne.

exotisch gewürzt

Putensteaks mit Möhrenreis und Aprikosensauce

pro Person

8 SmartPoints Wert

Zutaten für 2 Personen:

80 g Basmatireis
260 ml Gemüsebrühe (1 TL Instantpulver)
500 g Möhren (TK)
2 Putensteaks (à 120 g)
1 TL Rapsöl
1 Glas ungezuckerte Aprikosen (200 g Abtropfgewicht)
Salz
Pfeffer
1/2 TL Currypulver
1/2 TL gemahlener Kardamom
1/4 TL Chiliflocken (ersatzweise 2 Prisen Chilipulver)
1 TL Speisestärke
2 TL Zitronensaft
nach Belieben Minze zum Garnieren

1 Den Basmatireis nach Packungsangabe in 160 ml Brühe garen. Die gefrorenen Möhren nach ca. 5 Minuten dazugeben und mitgaren. Die Putensteaks waschen und trocken tupfen. Das Öl in einer Pfanne erhitzen und die Putensteaks darin ca. 5–6 Minuten auf jeder Seite braten.

2 Inzwischen die Aprikosen abtropfen lassen, dabei 50 ml Saft auffangen und beiseitestellen. Die Aprikosen vierteln. Die Putensteaks salzen, pfeffern und aus der Pfanne nehmen. Die Aprikosenviertel in den Bratensatz geben. Mit Currypulver, Kardamom und Chiliflocken würzen und mit der restlichen Brühe ablöschen.

3 Die Speisestärke mit dem Aprikosensaft anrühren und zur Sauce geben. Weitere ca. 2 Minuten köcheln lassen. Die Putensteaks wieder in die Sauce geben und erwärmen.

4 Die Sauce mit dem Zitronensaft, Salz und Pfeffer abschmecken. Den Möhrenreis ebenfalls mit Salz und Pfeffer abschmecken. Die Putensteaks mit Möhrenreis und Aprikosensauce nach Belieben mit Minze garnieren und servieren.

raffiniert

Orangenhähnchen mit Kartoffel-Brokkoli-Püree

pro Person

8 SmartPoints Wert

Zutaten für 2 Personen:

400 g mehligkochende Kartoffeln
Salz
400 g Brokkoliröschen (TK)
2 Hähnchenbrustfilets (à 120 g)
Pfeffer
1 EL Mehl
1 Zweig Rosmarin
2 TL Rapsöl
50 ml Orangensaft
50 ml Gemüsebrühe (1/2 TL Instantpulver)
1 Prise geriebene Muskatnuss
nach Belieben rosa Pfefferbeeren zum Garnieren

1 Die Kartoffeln waschen, schälen und in Würfel schneiden. In Salzwasser ca. 15 Minuten garen. Die gefrorenen Brokkoliröschen nach ca. 5 Minuten dazugeben und mitgaren.

2 Inzwischen die Hähnchenbrustfilets waschen, trocken tupfen, salzen, pfeffern und in Mehl wenden. Den Rosmarin waschen und trocken schütteln. Das Öl in einer Pfanne erhitzen und die Hähnchenbrustfilets darin auf jeder Seite 5–7 Minuten braten. Den Rosmarin ca. 2 Minuten vor Ende der Garzeit dazugeben und mitbraten. Den Orangensaft und die Brühe dazugeben und etwas einkochen lassen. Die Sauce mit Salz und Pfeffer abschmecken.

3 Die Kartoffeln und den Brokkoli in ein Sieb abgießen, dabei 2 EL Kochwasser auffangen. Kartoffeln und Brokkoli mit dem Kochwasser zerstampfen, mit Salz, Pfeffer und Muskatnuss abschmecken. Das Orangenhähnchen mit dem Kartoffel-Brokkoli-Püree auf Tellern anrichten, nach Belieben mit rosa Pfeffer garnieren und servieren.

raffiniert

Putengeschnetzeltes mit Spitzkohl und Rösti

pro Person

10 SmartPoints Wert

Zutaten für 2 Personen:

1 kleiner Spitzkohl (ca. 500 g)
240 g Putenschnitzel
6 Rösti (à 40 g, TK)
2 TL Rapsöl
Salz
Pfeffer
200 ml Gemüsebrühe (1 TL Instantpulver)
100 g Frischkäse (bis 1 % Fett absolut)
1 TL gehackter Majoran (frisch oder getrocknet)

1 Den Spitzkohl putzen, vierteln und den Strunk entfernen. Die Viertel in schmale Streifen schneiden, waschen und abtropfen lassen. Die Putenschnitzel waschen, trocken tupfen und in Streifen schneiden.

2 Die Rösti in einer Pfanne ohne Fett ca. 15 Minuten auf beiden Seiten braten. Inzwischen das Öl in einer zweiten Pfanne erhitzen, die Putenschnitzelstreifen darin unter Rühren 3–5 Minuten rundherum braten, salzen, pfeffern und herausnehmen.

3 Die Spitzkohlstreifen im Bratensatz kurz anbraten. Mit der Brühe ablöschen und ca. 7 Minuten zugedeckt dünsten. Den Frischkäse einrühren, die Fleischstreifen unterheben und kurz erwärmen. Mit Majoran, Salz und Pfeffer würzen. Putengeschnetzeltes mit Spitzkohl und Rösti auf Tellern anrichten und servieren.

Klassiker auf leichte Art

Schnitzel-Spätzle-Pfanne mit grünen Bohnen

pro Person

9 SmartPoints Wert

Zutaten für 2 Personen:

450 g grüne Bohnen (TK)
Salz
200 g Spätzle (aus dem Kühlregal)
240 g Minutenschnitzel vom Schwein
2 TL Rapsöl
Pfeffer
1 Msp. gehacktes Bohnenkraut
100 g Kräuterfrischkäse (bis 1 % Fett absolut)
nach Belieben Petersilie zum Garnieren

1 Die gefrorenen Bohnen in kochendem Salzwasser ca. 8 Minuten bissfest garen. Die Spätzle ca. 3 Minuten vor Ende der Garzeit hinzufügen und mitgaren. Die Minutenschnitzel trocken tupfen und in Streifen schneiden. Das Öl in einer Pfanne erhitzen und die Schnitzelstreifen darin unter Rühren ca. 3 Minuten rundherum anbraten. Salzen, pfeffern und herausnehmen.

2 Bohnen und Spätzle in ein Sieb abgießen, dabei 2 EL Kochwasser auffangen. Bohnen und Spätzle im Bratensatz ca. 3 Minuten anbraten. Mit Salz, Pfeffer und Bohnenkraut würzen. Den Kräuterfrischkäse mit dem Kochwasser glatt rühren und untermischen. Die Schnitzelstreifen unterrühren und kurz erwärmen. Die Schnitzel-Spätzle-Pfanne auf Tellern verteilen, nach Belieben mit Petersilie garnieren und servieren.

gelingt leicht

Tex-Mex-Hähnchensteaks in würziger Tomatensauce

pro Person

7 SmartPoints Wert

Zutaten für 2 Personen:

400 g Hähnchensteak
2 TL Rapsöl
1 Zwiebel
130 g Kidneybohnen (aus der Dose)
140 g Mais (aus der Dose)
Salz
Pfeffer
2 TL Tomatenmark
200 g stückige Tomaten
200 g passierte Tomaten
1/2 TL gemahlener Kreuzkümmel
1 TL Paprikapulver
1/2 TL gehackter Majoran (frisch oder getrocknet)
nach Belieben Majoran zum Garnieren

1 Die Hähnchensteaks waschen und trocken tupfen. Das Öl in einer Pfanne erhitzen und die Steaks darin ca. 6–7 Minuten auf jeder Seite braten. Inzwischen die Zwiebel schälen und in feine Würfel schneiden. Die Kidneybohnen in ein Sieb gießen, abbrausen und abtropfen lassen. Den Mais ebenfalls in ein Sieb abgießen und abtropfen lassen. Die Hähnchensteaks salzen, pfeffern und zur Seite stellen.

2 Die Zwiebelwürfel im Bratensatz glasig dünsten. Das Tomatenmark einrühren und kurz anrösten. Die stückigen und die passierten Tomaten dazugeben. Mais und Kidneybohnen untermischen. Mit Salz, Pfeffer, Kreuzkümmel, Paprikapulver und Majoran würzen und ca. 5 Minuten köcheln lassen.

3 Die Hähnchensteaks wieder dazugeben und in der Sauce erwärmen. Die Tex-Mex-Hähnchensteaks auf Tellern anrichten, nach Belieben mit frischem Majoran garnieren und servieren.

raffiniert

Italienische Hähnchenpfanne

pro Person

6 SmartPoints Wert

Zutaten für 2 Personen:

240 g Hähnchenbrustfilet
2 TL Rapsöl
2 Sardellen (in Salzlake)
Salz
Pfeffer
500 g stückige Tomaten
1 TL getrocknete italienische Kräuter
50 g Rucola
4 Scheiben Ciabatta (à 25 g)

1 Das Hähnchenbrustfilet waschen, trocken tupfen und in Würfel schneiden. Das Öl in einer Pfanne erhitzen und die Hähnchenbrustfiletwürfel darin ca. 5 Minuten rundherum braten. Die Sardellen abbrausen, trocken tupfen und fein hacken.

2 Die Hähnchenbrustfiletwürfel mit Salz und Pfeffer würzen. Die stückigen Tomaten dazugeben, die Sardellen unterrühren und alles zum Kochen bringen. Mit Salz, Pfeffer und den italienischen Kräutern würzen und ca. 5 Minuten bei schwacher Hitze köcheln lassen.

3 Inzwischen den Rucola verlesen, waschen und trocken schütteln. Die Hähnchenpfanne auf Tellern verteilen, mit dem Rucola bestreuen und mit Ciabatta servieren.

raffiniert

Camembertsteaks mit Salat

pro Person

9 SmartPoints Wert™

Zutaten für 2 Personen:

2 Hüftsteaks vom Rind (à 150 g)
1 TL Rapsöl
60 g Camembert (30 % Fett i. Tr.)
Salz
Pfeffer
1 EL Preiselbeeren (aus dem Glas)
200 g Salatmischung (aus dem Kühlregal)
1 Becher Weight Watchers Frisches Joghurt Dressing mit buntem Pfeffer
1 TL rosa Pfefferbeeren
2 Ecken Fladenbrot (à 50 g)

1 Die Steaks trocken tupfen. Das Öl in einer Pfanne erhitzen und die Steaks darin auf jeder Seite 3–5 Minuten braten. Den Camembert in Scheiben schneiden. Die Steaks mit Salz und Pfeffer würzen, mit den Preiselbeeren bestreichen und mit den Camembertscheiben belegen. Bei schwacher Hitze zugedeckt 2–3 Minuten ziehen lassen, bis der Käse geschmolzen ist.

2 Den Salat waschen und trocken schleudern. In eine Schüssel geben und mit dem Dressing vermischen. Die Camembertsteaks mit rosa Pfeffer garnieren und mit dem Salat auf Tellern anrichten. Das Fladenbrot dazuservieren.

schwäbisch-mediterran

Maultaschen-Auberginen-Pfanne mit Thymiandip

pro Person

10 SmartPoints Wert

Zutaten für 2 Personen:

750 ml Gemüsebrühe (3 TL Instantpulver)
4 Maultaschen (à 50 g, aus dem Kühlregal)
2 Auberginen (à ca. 250 g)
1 Zwiebel
1 Knoblauchzehe
1 EL Rapsöl
Salz
Pfeffer
1/2 TL gehackter Thymian (frisch oder getrocknet)
2 EL saure Sahne

1 Die Brühe in einem Topf aufkochen und die Maultaschen darin nach Packungsangabe garen. Inzwischen die Auberginen putzen, waschen, längs vierteln und in Scheiben schneiden. Die Zwiebel schälen und in feine Würfel schneiden. Den Knoblauch schälen und durch die Presse drücken.

2 Das Öl in einer Pfanne erhitzen und Zwiebelwürfel mit dem Knoblauch darin glasig andünsten. Die Auberginenscheiben dazugeben und ca. 5 Minuten braten. Mit Salz und Pfeffer würzen. Die Maultaschen aus der Brühe heben, abtropfen lassen und zu den Auberginen geben, kurz mitbraten. Den Thymian mit der sauren Sahne verrühren. Die Maultaschen-Auberginen-Pfanne mit dem Thymiandip anrichten und servieren.

TIPP! *Kochen Sie das Wasser für die Gemüsebrühe mit einem Wasserkocher auf, so geht es besonders schnell.*

exotisch fein

Puten-Kokos-Curry mit Blumenkohl und Couscous

pro Person

12 SmartPoints Wert

Zutaten für 2 Personen:

80 g Couscous
200 g Putenschnitzel
1 TL Mehl
2 TL Rapsöl
1/2 TL grüne Currypaste
500 g Blumenkohlröschen (TK)
200 ml Gemüsebrühe (1 TL Instantpulver)
100 ml Kokosmilch
einige Blätter Minze
Salz
Pfeffer
1 EL gehackte Petersilie (frisch oder TK)
nach Belieben Limettenspalten zum Garnieren

1 Den Couscous in eine Schüssel geben und mit 100 ml kochendem Wasser übergießen. Ca. 10 Minuten quellen lassen.

2 Inzwischen das Putenschnitzel waschen, trocken tupfen und in Streifen schneiden. Das Mehl auf einen Teller geben und das Fleisch darin wenden. Das Öl in einer Pfanne erhitzen und die Putenschnitzelstreifen darin ca. 3 Minuten rundherum anbraten.

3 Die Currypaste hinzufügen und kurz anrösten. Die gefrorenen Blumenkohlröschen dazugeben, Brühe und Kokosmilch dazugießen und Fleisch und Gemüse ca. 8 Minuten zugedeckt garen. Die Minze waschen und trocken tupfen.

4 Das Curry mit Salz und Pfeffer abschmecken. Den Couscous unterheben, mit Petersilie und Minze bestreuen und auf Tellern anrichten. Nach Belieben mit Limettenspalten garnieren.

fein umhüllt

Tatarpäckchen mit Eisbergsalat

pro Person

11 SmartPoints Wert

Zutaten für 2 Personen:

1 Glas Tomatenpaprika (165 g Abtropfgewicht)
300 g Rindertatar
75 g Magerquark
1 EL Tomatenmark
Kräutersalz
Pfeffer
1/2 TL Paprikapulver
1 TL getrocknete italienische Kräuter
4 Blätter Filoteig (à 25 g)
1 kleiner Eisbergsalat
150 ml Weight Watchers Frisches American Dressing mit Kräutern
nach Belieben Oregano zum Garnieren

1 Den Backofen auf 200 °C (Gas Stufe 3, Umluft 180 °C) vorheizen. Die Paprika gut abtropfen lassen und in Streifen schneiden. Das Tatar in eine Schüssel geben und mit 3 EL Paprikastreifen, Quark, Tomatenmark, 1/2 TL Kräutersalz, Pfeffer, Paprikapulver und den italienischen Kräutern verkneten.

2 Die Filoteigblätter auf der Arbeitsfläche auslegen. Den Fleischteig zu 4 flachen Frikadellen (ca. 2 cm dick) formen und jede Frikadelle auf 1 Blatt Filoteig setzen. Den Teig über der Frikadelle zusammenschlagen. Die Tatarpäckchen auf ein mit Backpapier belegtes Backblech legen, mit etwas Wasser bestreichen und im heißen Ofen auf der mittleren Schiene ca. 15 Minuten backen.

3 Inzwischen den Eisbergsalat waschen, trocken schleudern und in mundgerechte Stücke zupfen. Mit den restlichen Paprikastreifen und dem Dressing in eine Schüssel geben und vermischen. Je zwei Tatarpäckchen mit Eisbergsalat auf Tellern anrichten, nach Belieben mit Oregano garnieren und servieren.

Klassiker auf leichte Art

Krautfleckerl mit Schinkenwürfeln

pro Person

10 SmartPoints Wert

Zutaten für 2 Personen:

160 g Farfalle (ersatzweise andere kurze Nudeln)
Salz
1 Zwiebel
1 TL Rapsöl
1 TL Puderzucker
1 Dose 3-Minuten-Sauerkraut (ca. 385 g Abtropfgewicht)
40 g magere Schinkenwürfel
Pfeffer
1 Prise gemahlener Kümmel
1 TL gehackte Petersilie (frisch oder TK)

1 Die Farfalle in Salzwasser nach Packungsangabe garen. Inzwischen die Zwiebel schälen und in Würfel schneiden. Das Öl in einer Pfanne erhitzen und die Zwiebelwürfel darin glasig dünsten. Mit dem Puderzucker bestäuben und karamellisieren.

2 Das Sauerkraut abtropfen lassen und zu der Zwiebel geben. Die Schinkenwürfel ebenfalls hinzufügen und beides 3–5 Minuten garen. Die Nudeln in ein Sieb abgießen, gut abtropfen lassen und unter das Sauerkraut heben. Mit Salz, Pfeffer und Kümmel würzen. Die Krautfleckerl mit der Petersilie garnieren, auf Tellern verteilen und servieren.

tolle Kombination

Rosenkohl-Gnocchi-Pfanne

pro Person

7 SmartPoints Wert

Zutaten für 2 Personen:

1 TL Rapsöl
40 g magere Schinkenwürfel
250 g Gnocchi (aus dem Kühlregal)
400 g Rosenkohl (TK)
100 ml Gemüsebrühe (1/2 TL Instantpulver)
100 g Kräuterfrischkäse (bis 1 % Fett absolut)
1 TL gehackte Petersilie (frisch oder TK)
Salz
Pfeffer
1 Prise geriebene Muskatnuss

1 Das Öl in einer Pfanne erhitzen. Die Schinkenwürfel und die Gnocchi darin 3–5 Minuten anbraten und wieder herausnehmen. Den gefrorenen Rosenkohl im Bratensatz kurz anbraten, mit der Brühe ablöschen und zugedeckt 10–12 Minuten garen.

2 Die Gnocchi-Schinken-Mischung zum Rosenkohl geben und den Kräuterfrischkäse mit der Petersilie unterrühren. Mit Salz, Pfeffer und Muskatnuss würzen. Die Rosenkohl-Gnocchi-Pfanne auf Tellern verteilen und servieren.

Für Italien-Fans

Saltimbocca-Spieße mit Tomaten-Carpaccio

pro Person

10 SmartPoints Wert

Zutaten für 2 Personen:

4 Blätter Salbei
2 Kalbsschnitzel (à 120 g)
Salz
Pfeffer
2 Scheiben Parmaschinken
2 TL Olivenöl
3 Fleischtomaten
2 EL Aceto balsamico
2 EL Gemüsebrühe (1 Prise Instantpulver)
1 TL getrocknete italienische Kräuter
2 EL gehobelter Parmesan
2 Ecken Fladenbrot (à 50 g)

Außerdem
2 Holzspieße

1 Den Salbei waschen und trocken tupfen. Die Kalbsschnitzel trocken tupfen, flach klopfen und mit wenig Salz und Pfeffer würzen. Die Schnitzel mit je 2 Salbeiblättern und 1 Scheibe Parmaschinken belegen und aufrollen. In je 3 Stücke schneiden und auf 2 Holzspieße stecken. Das Öl in einer Pfanne erhitzen und die Saltimbocca-Spieße darin ca. 5 Minuten rundherum braten.

2 Die Tomaten waschen und ohne die Stielansätze in dünne Scheiben schneiden. Auf Tellern anrichten und mit Salz und Pfeffer würzen. Den Aceto balsamico mit der Brühe und den Kräutern verquirlen und die Tomatenscheiben damit beträufeln.

3 Das Tomaten-Carpaccio mit dem gehobelten Parmesan bestreuen. Die Saltimbocca-Spieße mit dem Tomaten-Carpaccio anrichten und das Fladenbrot dazuservieren.

exotisch fein

Pikante Teriyaki-Spieße mit Spinatbulgur

pro Person

8 SmartPoints Wert

Zutaten für 2 Personen:

300 g Rindertatar
Chiliflocken
2 TL Senf
Salz
Pfeffer
4 EL Teriyaki-Sauce (aus dem Asienladen)
100 g Bulgur
250 ml Gemüsebrühe (1 TL Instantpulver)
200 g Babyspinat
5 Cashewkerne
1/2 TL gemahlener Kreuzkümmel
nach Belieben Chiliflocken zum Garnieren

Außerdem
4 Holzspieße

1 Den Backofen auf 200 °C (Gas Stufe 3, Umluft 180 °C) vorheizen. Das Tatar mit 1 Prise Chiliflocken, Senf, Salz und Pfeffer verkneten. Den Fleischteig zu vier flachen, länglichen Rollen formen, auf 4 Spieße stecken und in eine Auflaufform (ca. 20 x 20 cm) legen. Mit etwas Teriyaki-Sauce bestreichen und im heißen Ofen auf der mittleren Schiene ca. 15 Minuten backen. Zwischendurch einmal wenden und erneut mit Teriyaki-Sauce bestreichen.

2 Inzwischen den Bulgur in der Brühe nach Packungsangabe ca. 8 Minuten garen. Den Babyspinat waschen, trocken schleudern und portionsweise unter den Bulgur heben, sodass er zusammenfällt. Ca. 2 Minuten mitgaren.

3 Die Cashewkerne hacken. Den Spinatbulgur mit Salz, Pfeffer und dem Kreuzkümmel würzen. Mit den Cashewkernen bestreuen und mit den Teriyaki-Spießen auf Tellern anrichten. Nach Belieben mit Chiliflocken garnieren.

Klassiker auf leichte Art

Würstchen-Kraut-Pfanne

pro Person

11 SmartPoints Wert

Zutaten für 2 Personen:

1 Zwiebel
400 g festkochende Kartoffeln
4 Nürnberger Rostbratwürstchen (à ca. 21 g)
2 TL Rapsöl
Salz
Pfeffer
2 Gewürzgurken
1 Dose 3-Minuten-Sauerkraut
(ca. 385 g Abtropfgewicht)
1 Prise gemahlener Kümmel
1 TL gehackte Petersilie (frisch oder TK)

1 Die Zwiebel schälen und in kleine Würfel schneiden. Die Kartoffeln waschen, schälen und ebenfalls in kleine Würfel schneiden. Die Rostbratwürstchen in Scheiben schneiden. Das Öl in einer Pfanne erhitzen. Zwiebel- und Kartoffelwürfel sowie Würstchenscheiben hineingeben und kurz braun anbraten. Salzen, pfeffern und zugedeckt ca. 12 Minuten garen.

2 Inzwischen die Gewürzgurken und das Sauerkraut abtropfen lassen und Gewürzgurken in Scheiben schneiden. Beides ca. 3 Minuten vor Ende der Garzeit in die Pfanne geben und alle Zutaten garen. Die Würstchen-Kraut-Pfanne mit Salz, Pfeffer und Kümmel abschmecken, auf Tellern verteilen, mit der Petersilie bestreuen und servieren.

wunderbar wärmend

Linsensuppe mit Spätzle

pro Person

13 SmartPoints Wert

Zutaten für 2 Personen:

1 TL Rapsöl
200 g Suppengemüse (TK)
1 Dose Linsen (ca. 530 g Abtropfgewicht)
100 ml Tomatensaft
70 g Wiener Würstchen
100 g Spätzle (aus dem Kühlregal)
Salz
Pfeffer
1 EL Weißweinessig
nach Belieben Petersilie zum Garnieren

1 Das Öl in einem Topf erhitzen und das gefrorene Suppengemüse hineingeben. Unter Rühren andünsten und etwas auftauen.

2 Die Linsen samt dem Sud und den Tomatensaft hinzufügen und aufkochen. Die Würstchen in Scheiben schneiden und mit den Spätzle zu den Linsen geben und darin erwärmen. Die Suppe mit Salz, Pfeffer und Weißweinessig abschmecken, auf Tellern verteilen, nach Belieben mit gehackter Petersilie bestreuen und servieren.

asiatisch inspiriert

Schweinefleisch-Chinakohl-Pfanne mit Sojasprossen-Reis

pro Person

10 SmartPoints Wert

Zutaten für 2 Personen:

80 g Minutenreis
Salz
400 g Chinakohl
200 g Schweinefilet
2 TL Rapsöl
1 EL brauner Zucker
100 ml Gemüsebrühe (1/2 TL Instantpulver)
2–3 EL Sojasauce
2 EL süßsaure Sauce (Fertigprodukt)
1/2 TL Speisestärke
50 g Sojabohnensprossen (ersatzweise Sprossen aus dem Glas)

1 Den Reis nach Packungsangabe in Salzwasser garen. Inzwischen den Chinakohl putzen, vierteln und den Strunk entfernen. Die Viertel in Streifen schneiden, waschen und abtropfen lassen.

2 Das Schweinefilet trocken tupfen und in Scheiben schneiden. Das Öl in einer Pfanne erhitzen, die Filetscheiben darin ca. 3 Minuten auf jeder Seite braten und wieder herausnehmen.

3 Den Zucker im Bratensatz schmelzen. Die Brühe mit Sojasauce, süßsaurer Sauce und Speisestärke verrühren und den Zucker damit ablöschen. Den Chinakohl dazugeben und zugedeckt ca. 8 Minuten garen. Die Filetscheiben hinzufügen und erhitzen.

4 Die Sojasprossen in einem Sieb waschen und abtropfen lassen. Mit dem gegarten Reis mischen und mit der Schweinefleisch-Chinakohl-Pfanne auf Tellern anrichten.

auch fein für Gäste

Schweinemedaillons im Serranomantel

pro Person

10 SmartPoints Wert

Zutaten für 2 Personen:

300 g mehligkochende Kartoffeln
Salz
2 Scheiben Serranoschinken
4 Medaillons vom Schweinefilet (à ca. 60 g)
Pfeffer
1 TL Rapsöl
400 g Zuckerschoten (TK)
100 ml Cremefine zum Kochen (15 % Fett)
75 ml fettarme Milch
1 Prise geriebene Muskatnuss

1 Die Kartoffeln waschen, schälen, in kleine Stücke schneiden und in Salzwasser ca. 15 Minuten garen. Inzwischen die Schinkenscheiben längs halbieren. Die Schweinefiletmedaillons trocken tupfen, mit wenig Salz und Pfeffer würzen und mit je 1 Scheibe Serranoschinken umwickeln (siehe Tipp). Das Öl in einer Pfanne erhitzen und die Medaillons darin ca. 5 Minuten auf jeder Seite braten.

2 Die gefrorenen Zuckerschoten in kochendem Salzwasser ca. 2 Minuten bissfest garen, in ein Sieb abgießen, kalt abschrecken und abtropfen lassen. Die Cremefine zu den Medaillons geben und kurz aufkochen. Die Sauce mit Salz und Pfeffer abschmecken.

3 Die Milch in einem kleinen Topf oder in der Mikrowelle erhitzen. Die Kartoffeln abgießen, wieder in den Topf geben und mit der Milch zerstampfen. Mit Salz, Pfeffer und Muskatnuss abschmecken. Die Medaillons im Serranomantel mit Kartoffelpüree und Zuckerschoten auf Tellern anrichten und servieren.

TIPP!

Der Schinken hält besser, wenn Sie ihn mit Küchengarn festbinden. Das Garn vor dem Servieren entfernen.

Klassiker auf leichte Art

Himmel und Erde

pro Person

11 SmartPoints Wert

Zutaten für 2 Personen:

400 g mehligkochende Kartoffeln
2 Äpfel (z.B. Braeburn)
Salz
Pfeffer
1 Prise Zucker
1 Zwiebel
90 g Blutwurst
1 TL Rapsöl
2 TL Apfelessig
nach Belieben Petersilie zum Garnieren

TIPP!

Statt Blutwurst können Sie 40 g magere Schinkenwürfel verwenden. Der **SmartPoints** Wert reduziert sich auf 5 pro Person.

1 Die Kartoffeln waschen und schälen. Die Äpfel waschen, vierteln und vom Kerngehäuse befreien. Kartoffeln und Äpfel in Würfel schneiden, mit 125 ml Wasser in einen Topf geben, mit Salz, Pfeffer und Zucker würzen und zugedeckt ca. 10 Minuten garen.

2 Inzwischen die Zwiebel schälen und in Ringe schneiden. Die Blutwurst in Würfel schneiden. Das Öl in einer Pfanne erhitzen und die Blutwurstwürfel und Zwiebelringe darin ca. 5 Minuten goldbraun braten. Himmel und Erde (Äpfel und Kartoffeln) mit dem Wasser im Topf stückig zerstampfen, mit Salz, Pfeffer und Essig abschmecken und mit den Zwiebelringen und den Blutwurstwürfeln bestreut servieren. Nach Belieben mit Petersilie garnieren.

für Italien-Fans

Pizza Parma mit Rucola

pro Stück

4 SmartPoints Wert

Zutaten für 12 Stück:

1 Packung Pizzakit (Teig und Sauce, 600 g, aus dem Kühlregal)
4 Tomaten
6 EL geriebener Parmesan
Pfeffer (nach Belieben)
50 g Rucola
6 Scheiben Parmaschinken

1 Den Backofen auf 220 °C (Gas Stufe 4, Umluft 200 °C) vorheizen. Den Pizzateig auf einem mit Backpapier ausgelegten Backblech ausrollen und mit der Sauce bestreichen. Die Tomaten waschen und ohne die Stielansätze in Scheiben schneiden. Die Pizza mit den Tomatenscheiben belegen und mit dem Parmesan bestreuen. Nach Belieben mit etwas Pfeffer würzen. Im heißen Ofen auf der mittleren Schiene ca. 15 Minuten backen.

2 Inzwischen den Rucola verlesen, waschen und trocken schütteln. Die Schinkenscheiben halbieren. Die Pizza aus dem Ofen holen, mit Parmaschinken und Rucola belegen und auf Tellern verteilen.

orientalisch inspiriert

Lamm-Spinat-Pfanne mit Couscous

pro Person

9 SmartPoints Wert

Zutaten für 2 Personen:

240 g Lammlachse
2 TL Rapsöl
1 Zwiebel
1 Knoblauchzehe
Salz | Pfeffer
500 g Blattspinat (TK)
125 ml Gemüsebrühe (1/2 TL Instantpulver)
100 g Couscous
geriebene Muskatnuss

1 Die Lammlachse trocken tupfen und in Würfel schneiden. Das Öl in einer Pfanne erhitzen und die Lammwürfel darin ca. 4 Minuten rundherum braten. Die Zwiebel schälen und in Würfel schneiden, den Knoblauch schälen und durch die Presse drücken. Die Lammwürfel salzen, pfeffern und herausnehmen.

2 Den Spinat mit Zwiebelwürfeln und Knoblauch in die Pfanne geben und im Bratensatz ca. 10 Minuten auftauen lassen. Die Gemüsebrühe aufkochen lassen. Den Couscous in eine Schüssel geben, mit der Brühe übergießen und nach Packungsangabe ca. 10 Minuten quellen lassen.

3 Den Spinat mit Salz, Pfeffer und 2 Prisen Muskatnuss würzen. Die Lammwürfel und den Couscous unterheben und alles kurz erhitzen. Die Lamm-Spinat-Pfanne auf Tellern verteilen und servieren.

TIPP!

Dazu schmeckt Knoblauchjoghurt aus 125 g fettarmem Joghurt, 1 gepressten Knoblauchzehe, Salz und Pfeffer. Der ***SmartPoints*** *Wert pro Person erhöht sich auf 10.*

gelingt leicht

Tortellini Carbonara mit Gurkensalat

pro Person

13 SmartPoints Wert

Zutaten für 2 Personen:

120 g trockene Tortellini (mit Käsefüllung)
Salz
2 Scheiben gekochter Schinken
3 TL Rapsöl
150 g Frischkäse (bis 1 % Fett absolut)
50 ml Cremefine zum Kochen (7 % Fett)
1/2 TL getrockneter Majoran
Pfeffer
1 Salatgurke
75 ml Gemüsebrühe (1/2 TL Instantpulver)
2 EL Weißweinessig
2 TL körniger Senf
2 TL Honig
nach Belieben Majoran zum Garnieren

1 Die Tortellini in kochendem Salzwasser nach Packungsangabe garen. Inzwischen den Schinken in kleine Würfel schneiden. 2 TL Öl in einer Pfanne erhitzen und die Schinkenwürfel darin kurz anbraten. Den Frischkäse mit der Cremefine und dem Majoran hinzufügen und zum Kochen bringen. Die Sauce mit Salz und Pfeffer abschmecken.

2 Die Gurke waschen und in Scheiben hobeln oder schneiden. Die Brühe mit Essig, restlichem Öl, Senf und Honig verquirlen, kräftig salzen und pfeffern und mit den Gurkenscheiben mischen. Die Tortellini in ein Sieb abgießen und abtropfen lassen. Tortellini auf Teller verteilen und die Sauce darauf anrichten. Nach Belieben mit Majoran garnieren. Den Gurkensalat dazuservieren.

raffinierte Kombination

Scharfer Fischburger mit Paprika

pro Person

8 SmartPoints Wert

Zutaten für 2 Personen:

2 EL Tomatenpaprikastreifen (aus dem Glas)
2 Blätter Kopfsalat
2 Vollkornbrötchen
1 EL scharfes Ajvar (Paprikapaste, aus dem Glas)
200 g Seelachsfilets
Salz
Pfeffer
1 TL Zitronensaft
2 TL Rapsöl

1 Die Tomatenpaprikastreifen gut abtropfen lassen. Die Salatblätter waschen und trocken tupfen. Die Brötchen aufschneiden, die unteren Hälften mit Ajvar bestreichen und mit Salatblättern und einigen Tomatenpaprikastreifen belegen.

2 Das Seelachsfilet waschen, trocken tupfen, mit Salz, Pfeffer und Zitronensaft würzen. Das Öl in einer Pfanne erhitzen. Die Seelachsfiletstücke in 4 Stücke schneiden und darin auf jeder Seite 4–5 Minuten braten. Auf die belegten Brötchenhälften geben, die restlichen Tomatenpaprikastreifen darauflegen. Die oberen Brötchenhälften auflegen und die scharfen Fischburger servieren.

Mediterranes mit Tomaten

Mediterranes Thunfischomelett

pro Person

10 SmartPoints Wert

Zutaten für 2 Personen:

1 Dose Thunfisch (im eigenen Saft, 150 g Abtropfgewicht)
4 Eier
50 ml fettarme Milch
Salz
Pfeffer
5 Tomaten
1 TL Rapsöl
1/2 TL Kapern
1 TL gehackte italienische Kräuter (frisch oder getrocknet)
2 Scheiben Bauernbrot
nach Belieben Basilikum zum Garnieren

1 Den Thunfisch gut abtropfen lassen. Die Eier mit der Milch verquirlen, salzen und pfeffern. Die Tomaten waschen und 1 Tomate ohne den Stielansatz in Würfel schneiden. Das Öl in einer Pfanne erhitzen, die Eiermischung hineingeben und leicht stocken lassen. Thunfisch, Tomatenwürfel und Kapern darauf verteilen und das Omelett bei schwacher Hitze zugedeckt ca. 8 Minuten garen.

2 Inzwischen die restlichen Tomaten ohne die Stielansätze in Spalten schneiden, salzen und pfeffern. Das Thunfischomelett mit Kräutern bestreuen, nach Belieben mit Basilikum garnieren und auf Tellern verteilen. Mit den Tomatenspalten und je 1 Scheibe Bauernbrot servieren.

mit Rotbarschfilet

Tomatenfisch mit Zucchinipolenta

pro Person

11 SmartPoints Wert

Zutaten für 2 Personen:

1 Zucchini (ca. 200 g)
2 TL Rapsöl
300 ml Gemüsebrühe (1 TL Instantpulver)
150 ml fettarme Milch
100 g Polenta
2 Rotbarschfilets (à 125 g)
Salz
Pfeffer
300 g stückige Tomaten
1 TL gehackter Majoran (frisch oder getrocknet)
1 EL geriebener Parmesan
nach Belieben Basilikum und
Zitronenspalten zum Garnieren

1 Die Zucchini putzen, waschen und auf der Gemüsereibe raspeln. 1 TL Öl in einem Topf erhitzen und die Zucchiniraspel darin kurz andünsten. Die Brühe und die Milch dazugießen und aufkochen. Die Polenta einrühren und nach Packungsangabe quellen lassen.

2 Inzwischen die Rotbarschfilets waschen, trocken tupfen, salzen und pfeffern. Das restliche Öl in einer Pfanne erhitzen und die Rotbarschfilets darin ca. 3 Minuten auf jeder Seite anbraten. Die stückigen Tomaten dazugeben und alles noch ca. 5 Minuten garen und erhitzen. Die Sauce mit Salz, Pfeffer und Majoran würzen.

3 Die Polenta mit dem Parmesan verfeinern und mit Salz und Pfeffer abschmecken. Den Tomatenfisch mit der Zucchinipolenta auf Tellern anrichten, nach Belieben mit Basilikum und Zitronenspalten garnieren und servieren.

sahnig fein

Lachsfilet mit Nudeln in Kräutersauce

pro Person

13 SmartPoints Wert

Zutaten für 2 Personen:

80 g grüne Tagliatelle
Salz
½ Zitrone, unbehandelt
150 ml Gemüsebrühe (½ TL Instantpulver)
100 ml Cremefine zum Kochen (bis 15 % Fett)
2 EL gemischte gehackte Kräuter (frisch oder TK)
1 TL Senf
200 g Lachsfilet
200 g Salatmischung (aus dem Kühlregal)
1 TL Honig
1 TL Rapsöl
Pfeffer
1 TL rosa Pfefferbeeren
nach Belieben Dillspitzen zum Garnieren

1 Die Tagliatelle nach Packungsangabe in Salzwasser garen. Inzwischen die Zitrone heiß waschen und abtrocknen, die Schale abreiben und den Saft auspressen. Für die Kräutersauce 75 ml Brühe in einen Topf geben und mit Cremefine, 2 TL Zitronensaft, ¼ TL Zitronenschale, den Kräutern und dem Senf aufkochen.

2 Inzwischen das Lachsfilet waschen, trocken tupfen und in Würfel schneiden. In die Sauce geben und zugedeckt bei schwacher Hitze ca. 5 Minuten gar ziehen lassen.

3 Währenddessen die Salatmischung waschen, trocken schleudern und in eine Schüssel geben. Für das Dressing die restliche Brühe mit 1 TL Zitronensaft, Honig und Öl verquirlen. Salzen, pfeffern und mit dem Salat mischen.

4 Die Kräutersauce mit Salz und Pfeffer würzen. Die Nudeln in ein Sieb abgießen, gut abtropfen lassen und unterheben. Das Lachsfilet mit den Nudeln und der Kräutersauce auf Tellern anrichten, mit den rosa Pfefferbeeren und nach Belieben mit Dill garnieren und mit dem Salat servieren.

auch fein für Gäste

Blitzpaella mit Shrimps

pro Person

10 SmartPoints Wert

Zutaten für 2 Personen:

100 g Minutenreis
Salz
je 1 rote, grüne und gelbe Paprikaschote
1 Dose Mais (ca. 140 g Abtropfgewicht)
2 TL Rapsöl
1 TL Currypulver
½ TL gemahlene Kurkuma
250 g küchenfertige Shrimps (aus dem Kühlregal)
Pfeffer
½ TL Paprikapulver
nach Belieben Thymian zum Garnieren

1 Den Reis nach Packungsangabe in Salzwasser garen. Inzwischen die Paprikaschoten halbieren, Trennwände und Kerne entfernen, die Hälften waschen und in Streifen schneiden. Den Mais in ein Sieb abgießen und abtropfen lassen.

2 Das Öl in einer Pfanne erhitzen und die Paprikastreifen darin ca. 5 Minuten anbraten. Mit Currypulver und Kurkuma bestäuben und die Gewürze kurz anrösten. Die Shrimps abbrausen, trocken tupfen und mit dem gegarten Reis und dem Mais unterheben. Alles kurz erwärmen und mit Salz, Pfeffer und Paprikapulver abschmecken. Die Blitzpaella auf Teller verteilen, nach Belieben mit Thymian garnieren und servieren.

mit Schafkäse

Garnelen-Spinat-Pfanne

pro Person

9 SmartPoints Wert

Zutaten für 2 Personen:

2 Knoblauchzehen
2 TL Rapsöl
800 g Blattspinat (TK)
250 g Kirschtomaten
100 ml Gemüsebrühe (1/2 TL Instantpulver)
Salz
Pfeffer
125 g küchenfertige Garnelen (aus dem Kühlregal)
100 g Schafkäse light
4 Scheiben Baguette (à 25 g)

1 Den Knoblauch schälen und durch die Presse drücken. Das Öl in einer Pfanne erhitzen, den gefrorenen Spinat und den Knoblauch hineingeben und den Spinat darin auftauen lassen. Die Tomaten waschen und halbieren.

2 Die Tomaten zum Spinat geben, die Brühe dazugießen, alles salzen, pfeffern und ca. 5 Minuten garen. Die Garnelen abbrausen, trocken tupfen, untermischen und erhitzen. Den Schafkäse in Würfel schneiden, darüberstreuen und leicht anschmelzen lassen. Die Garnelen-Spinat-Pfanne auf Tellern anrichten und mit Baguette servieren.

gelingt leicht

Tomaten-Risi-Pisi mit Zitronenfisch

pro Person

8 SmartPoints Wert

Zutaten für 2 Personen:

100 g Minutenreis
250 ml Gemüsebrühe (1 TL Instantpulver)
250 g Kirschtomaten
150 g Erbsen (TK)
2 Seelachsfilets (à 125 g)
Salz
Pfeffer
1 Zitrone, unbehandelt
1 TL Rapsöl
einige Blätter Basilikum zum Garnieren

1 Den Minutenreis nach Packungsangabe in der Brühe garen. Inzwischen die Tomaten waschen und halbieren. Die gefrorenen Erbsen und die Tomatenhälften ca. 5 Minuten vor Ende der Garzeit zum Reis geben und mitgaren.

2 Die Seelachsfilets waschen, trocken tupfen und mit Salz und Pfeffer würzen. Die Zitrone heiß waschen, abtrocknen und halbieren. Eine Hälfte auspressen und die andere Hälfte in Spalten schneiden. Das Öl in einer Pfanne erhitzen und die Seelachsfilets mit den Zitronenspalten darin ca. 5 Minuten auf jeder Seite braten.

3 Den gegarten Reis mit Salz, Pfeffer und Zitronensaft abschmecken. Das Basilikum waschen und trocken tupfen. Das Tomaten-Risi-Pisi mit dem Zitronenfisch auf Tellern anrichten, mit dem Basilikum bestreuen und servieren.

auch fein für Gäste

Spargel-Garnelen-Pfanne mit Guacamole

pro Person

9 SmartPoints Wert

Zutaten für 2 Personen:

500 g grüner Spargel (ersatzweise Spargel aus dem Glas)
2 TL Rapsöl
250 g küchenfertige Garnelen
1 Knoblauchzehe
1/2 Avocado (100 g Fruchtfleisch)
2 EL Limettensaft
3 EL Frischkäse (bis 1 % Fett absolut)
Salz
grob gemahlener Pfeffer
1/2 TL Chiliflocken
Paprikapulver
2 Scheiben Ciabatta (à 25 g)

1 Den Spargel waschen und im unteren Drittel schälen, die holzigen Enden abschneiden und die Stangen jeweils in ca. 4 cm lange Stücke schneiden. Das Öl in einer Pfanne erhitzen und die Spargelstücke darin ca. 3 Minuten anbraten. Die Garnelen abbrausen und trocken tupfen. Den Knoblauch schälen und durch die Presse drücken. Garnelen und Knoblauch zu den Spargelstücken geben und alles weitere 3–5 Minuten braten.

2 Das Avocadofruchtfleisch und 1 EL Limettensaft mit einer Gabel zerdrücken. Den Frischkäse unterrühren und die Guacamole mit Salz, Pfeffer, Chiliflocken und Paprikapulver würzen.

3 Die Spargel-Garnelen-Pfanne mit Salz, Pfeffer und restlichem Limettensaft abschmecken. Mit Guacamole und Ciabatta servieren.

Zum Sattessen!

VEGETARISCHE HAUPTGERICHTE

Dass man auch ohne Fleisch und Fisch hervorragend kochen kann, ist nichts Neues mehr. Neu sind aber unsere Rezepte, die mit viel Gemüse, Nudeln, Reis und Tofu punkten.

mit leichter Schärfe

Linguine mit Mangold-Chili-Sauce

pro Person

12 SmartPoints Wert

Zutaten für 2 Personen:

500 g Mangold
1 TL Rapsöl
1 rote Chilischote
350 ml Gemüsebrühe (1 TL Instantpulver)
140 g trockene Linguine
Salz
5 EL Crème légère
Pfeffer
1 TL Paprikapulver
2 EL Parmesanhobel

1 Den Mangold putzen, waschen und in Streifen schneiden. Das Öl in einer Pfanne erhitzen und die Mangoldstreifen darin ca. 5 Minuten anbraten. Die Chilischote waschen, entkernen und in Ringe schneiden. Zu den Mangoldstreifen geben, die Brühe dazugießen und den Mangold zugedeckt ca. 5 Minuten garen.

2 Die Linguine nach Packungsangabe in Salzwasser garen. Die Mangold-Chili-Sauce mit der Crème légère verfeinern und mit Salz, Pfeffer und Paprikapulver würzen. Die Linguine in ein Sieb abgießen, abtropfen lassen, mit der Mangold-Chili-Sauce mischen, mit den Parmesanhobeln bestreuen und servieren.

TIPP!

Kochen Sie das Nudelwasser mit einem Wasserkocher auf, dann geht es noch schneller.

asiatisch inspiriert

Pfannengemüse mit Erdnusssauce und Basmatireis

pro Person

9 SmartPoints Wert

Zutaten für 2 Personen:

400 g Asiagemüse (TK)
200 ml Gemüsebrühe (1 TL Instantpulver)
4 TL Erdnussbutter
3 EL Crème légère
1 EL Sojasauce
1 TL Paprikapulver
Salz
Pfeffer
250 g Basmati-Expressreis
1 TL gehackter Koriander (frisch oder TK)

1 Das Asiagemüse mit der Brühe in eine Pfanne geben und zugedeckt ca. 10 Minuten garen. Die Erdnussbutter und die Crème légère einrühren. Das Pfannengemüse mit Sojasauce, Paprikapulver, Salz und Pfeffer abschmecken.

2 Den Expressreis nach Packungsangabe mit 4 EL Wasser in einer Pfanne ca. 3 Minuten (oder in der Mikrowelle) garen. Unter das Gemüse heben. Das Pfannengemüse auf Tellern verteilen und mit dem gehackten Koriander bestreut servieren.

mediterran inspiriert

Kartoffel-Gemüse-Pfanne mit Knoblauchjoghurt

pro Person

9 SmartPoints Wert

Zutaten für 2 Personen:

500 g festkochende Kartoffeln
2 TL Rapsöl
Salz
Pfeffer
1 Aubergine
2 Zucchini
1 Knoblauchzehe
250 g fettarmer Joghurt
1/2 TL getrocknete italienische Kräuter
1/2 TL Paprikapulver
nach Belieben Oregano zum Garnieren

1 Die Kartoffeln waschen, schälen und in kleine Würfel schneiden. Das Öl in einer Pfanne erhitzen und die Kartoffelwürfel darin zugedeckt ca. 10 Minuten braten, salzen und pfeffern. Inzwischen die Aubergine und die Zucchini putzen, waschen, längs halbieren und in Scheiben schneiden. Zu den Kartoffelwürfeln geben und offen weitere ca. 5 Minuten braten.

2 Den Knoblauch schälen und durch die Presse in eine Schüssel drücken. Mit dem Joghurt verrühren, salzen und pfeffern. Die Kartoffel-Gemüse-Pfanne mit Salz, Pfeffer, getrockneten Kräutern und Paprikapulver abschmecken. Mit dem Knoblauchjoghurt und nach Belieben mit Oregano garniert servieren.

gelingt leicht

Mediterrane Reisnudelpfanne mit Schafkäse

pro Person

8 SmartPoints Wert

Zutaten für 2 Personen:

1 TL Rapsöl
400 g italienische Gemüsemischung (TK)
120 g griechische reisförmige Nudeln (Kritharaki)
500 g stückige Tomaten
Salz
Pfeffer
1 Prise Zucker
1 TL getrocknete Kräuter der Provence
60 g Schafkäse light
nach Belieben Basilikum zum Garnieren

1 Das Öl in einer Pfanne erhitzen und die Gemüsemischung darin ca. 1 Minute unter Rühren anbraten. Die Reisnudeln dazugeben und die Tomaten hinzufügen, die Zutaten gut mischen. Mit Salz, Pfeffer, Zucker und 1/2 TL Kräutern der Provence würzen.

2 Die Reisnudelpfanne zugedeckt ca. 15 Minuten garen, dabei gelegentlich umrühren. Den Schafkäse in Würfel schneiden. Die Reisnudelpfanne mit Schafkäsewürfeln und restlichen Kräutern bestreuen, nach Belieben mit Basilikum garnieren und servieren.

für die große Runde

Gemüsekuchen mit Kräuterguss und Salat

pro Stück

6 SmartPoints Wert

Zutaten für 1 Backblech (12 Stück):

450 g Hefeteig (aus dem Kühlregal)
2 Dosen Leipziger Allerlei (à 425 g, ersatzweise Erbsen-Möhren-Gemüse)
3 Eier
300 g Kräuterfrischkäse (bis 1 % Fett absolut)
Salz
Pfeffer
2 EL gemischte gehackte Kräuter (z.B. Schnittlauch, Petersilie, Dill)
1 Lollo rosso
100 ml Cremefine zum Kochen (7 % Fett)
1 EL Senf
2 TL Zitronensaft
1 Prise Zucker
nach Belieben Kräuter zum Garnieren

1 Den Backofen auf 220 °C (Gas Stufe 4, Umluft 200 °C) vorheizen. Den Hefeteig auf einem mit Backpapier belegten Backblech ausrollen, dabei einen ca. 2 cm hohen Rand formen.

2 Das Leipziger Allerlei in ein Sieb abgießen und abtropfen lassen. Die Eier mit dem Kräuterfrischkäse verquirlen und mit Salz, Pfeffer und 1 EL Kräutern würzen. Das abgetropfte Gemüse auf dem Teig verteilen und den Kräuterguss darübergeben. Den Gemüsekuchen mit Kräuterguss im heißen Ofen auf der mittleren Schiene ca. 15 Minuten backen.

3 Inzwischen den Lollo rosso waschen, trocken schleudern und in mundgerechte Stücke zupfen. Für das Dressing die Cremefine mit Senf, Zitronensaft und restlichen Kräutern verrühren, mit Salz, Pfeffer und Zucker würzen. Den Salat mit dem Dressing mischen. Den Gemüsekuchen aus dem Ofen holen, in Stücke schneiden, nach Belieben mit Kräutern garnieren und mit dem Salat servieren.

Klassiker auf neue Art

Tofuchili mit Paprikastreifen und Tortillachips

pro Person

12 SmartPoints Wert

Zutaten für 2 Personen:

1 Zwiebel
200 g Tofu
1 Knoblauchzehe
1 EL Rapsöl
300 g Paprikastreifen (TK)
1 Dose stückige Tomaten (400 g)
1 Dose weiße Bohnen (ca. 190 g Abtropfgewicht)
1 Dose Kidneybohnen (ca. 255 g Abtropfgewicht)
Salz
Pfeffer
Chilipulver
½ TL gemahlener Kreuzkümmel
10 Tortillachips
nach Belieben Koriandergrün zum Garnieren

1 Die Zwiebel schälen und in Würfel schneiden. Den Tofu ebenfalls in Würfel schneiden. Den Knoblauch schälen und durch die Presse drücken. Das Öl in einer Pfanne erhitzen und Knoblauch, Zwiebel- und Tofuwürfel darin ca. 5 Minuten anbraten. Die gefrorenen Paprikastreifen dazugeben und ca. 5 Minuten mitbraten.

2 Die stückigen Tomaten mit dem Saft dazugießen. Weiße Bohnen und Kidneybohnen in ein Sieb abgießen, abbrausen und abtropfen lassen. In die Pfanne geben und unterheben. Das Tofugemüse ca. weitere 5 Minuten garen. Mit Salz, Pfeffer, Chilipulver und Kreuzkümmel abschmecken. Das Chili auf Teller verteilen und mit den Tortillachips servieren. Nach Belieben mit Koriandergrün garnieren.

asiatisch inspiriert

Blumenkohl-Curry-Suppe mit Koriander-Pistou

pro Person

9 SmartPoints Wert

Zutaten für 2 Personen:

400 g Blumenkohlröschen (TK)
500 ml Gemüsebrühe (2 TL Instantpulver)
3 EL Schmand
Salz
Pfeffer
1/2 TL grüne Currypaste (aus dem Asienladen, ersatzweise Currypulver)
1/2 Zitrone, unbehandelt
1 EL gehackter Koriander (frisch oder TK)
1 TL Rapsöl
4 Scheiben Graubrot

1 Große Blumenkohlröschen mit einem Messer etwas zerkleinern. Den Blumenkohl mit der Brühe in einen Topf geben und ca. 10 Minuten zugedeckt garen. Ein Viertel der Röschen herausnehmen und zur Seite stellen, die restlichen Röschen mit dem Pürierstab pürieren. Die Suppe mit dem Schmand verfeinern und mit Salz, Pfeffer und der Currypaste abschmecken. Die ganzen Blumenkohlröschen wieder dazugeben und erwärmen.

2 Für das Koriander-Pistou die Zitrone heiß waschen und abtrocknen. Die Schale abreiben und den Saft auspressen. Den Koriander mit dem Öl, 1/2 TL Zitronensaft und 1 Prise Zitronenschale verrühren, salzen und pfeffern. Die Blumenkohl-Curry-Suppe auf tiefe Teller oder Schüsseln verteilen, mit dem Koriander-Pistou garnieren und servieren. Das Brot dazureichen.

mit feinem Ingwer-Aroma

Würzige Kartoffel-Kürbis-Suppe

pro Person

9 SmartPoints Wert

Zutaten für 2 Personen:

1 kleiner Hokkaido-Kürbis (ca. 600 g)
200 g mehligkochende Kartoffeln
2 TL Rapsöl
500 ml Gemüsebrühe (2 TL Instantpulver)
Salz
Pfeffer
1/2 TL Paprikapulver
1/2–1 TL gemahlener Ingwer
2 EL saure Sahne
1 EL gehackte Kürbiskerne
1 Baguettebrötchen

1 Den Kürbis waschen und halbieren. Die Kerne mit einem Löffel entfernen und das Fruchtfleisch in Würfel schneiden. Die Kartoffeln waschen, schälen und ebenfalls in Würfel schneiden. Das Öl in einem Topf erhitzen und die Kürbis- und Kartoffelwürfel darin andünsten. Die Brühe dazugießen und die Gemüse offen 10–12 Minuten köcheln lassen.

2 Die Kartoffel-Kürbis-Suppe mit dem Pürierstab pürieren und mit Salz, Pfeffer, etwas Paprikapulver und Ingwer würzen. Die saure Sahne unterrühren. Die Kartoffel-Kürbis-Suppe auf tiefe Teller oder Schüsseln verteilen und mit den gehackten Kürbiskernen und Paprikapulver bestreuen. Das Baguettebrötchen in Scheiben schneiden und dazureichen.

raffiniert

Nudelauflauf mit Artischocken

pro Person

11 SmartPoints Wert

Zutaten für 2 Personen:

120 g trockene Bandnudeln
Salz
1 Dose Artischockenherzen
(ca. 240 g Abtropfgewicht)
1 Knoblauchzehe
1 Dose stückige Tomaten (400 g)
200 ml Tomatensaft
Pfeffer
1 Prise Zucker
1 TL gehackter Oregano (frisch oder getrocknet)
90 g geriebener Käse (30 % Fett i. Tr.)
nach Belieben Oregano zum Garnieren

1 Den Backofen auf 220 °C (Gas Stufe 4, Umluft 200 °C) vorheizen. Die Bandnudeln in sprudelnd kochendem Salzwasser nach Packungsangabe garen.

2 Inzwischen die Artischockenherzen abtropfen lassen und halbieren. Den Knoblauch schälen und durch die Presse drücken. Mit den Artischockenherzen, den stückigen Tomaten und dem Tomatensaft in einen Topf geben und aufkochen. Mit Salz, Pfeffer, Zucker und Oregano würzen.

3 Die Nudeln in ein Sieb abgießen, gut abtropfen lassen und in eine Auflaufform (ca. 25 x 25 cm) geben. Die Sauce untermischen und den Käse darüberstreuen. Im heißen Ofen auf der mittleren Schiene ca. 15 Minuten backen. Den Nudelauflauf auf Teller verteilen, nach Belieben mit Oregano garnieren und servieren.

auch für Gäste

Gefüllte Champignons auf Rucolasalat

pro Person

10 SmartPoints Wert

Zutaten für 2 Personen:

8 große Champignons (à ca. 50 g)
4 TL Olivenöl
1 Frühlingszwiebel
100 g Rucola
2–3 EL Aceto balsamico
50 ml Gemüsebrühe (2 Prisen Instantpulver)
Salz
Pfeffer
1 Prise Zucker
40 g Schafkäse light
100 g Frischkäse (bis 1 % Fett absolut)
1/2 TL Paprikapulver
1/4 TL gehackter Estragon (frisch oder TK)
2 Vollkornbrötchen

1 Die Champignons putzen, trocken abreiben und die Stiele herausdrehen. 2 TL Öl in einer Pfanne erhitzen und die Champignonhüte darin zugedeckt ca. 5 Minuten dünsten, danach weitere ca. 7 Minuten offen braten.

2 Inzwischen die Champignonstiele hacken. Die Frühlingszwiebel putzen, waschen und in Ringe schneiden. Den Rucola verlesen, waschen und trocken schütteln. Für das Dressing den Essig mit der Brühe und dem restlichen Öl verquirlen. Mit Salz, Pfeffer und 1 Prise Zucker würzen.

3 Die Champignonhüte salzen, pfeffern und aus der Pfanne nehmen. Die Frühlingszwiebelringe und die gehackten Pilzstiele im Bratensatz ca. 2 Minuten unter Rühren braten. Den Schafkäse in Würfel schneiden und mit Frischkäse, Paprikapulver und Estragon verrühren. Die Pilz-Frühlingszwiebel-Mischung unterrühren. Die Füllung mit Salz und Pfeffer würzen.

4 Die Champignonhüte mit der Mischung füllen. Den Rucola auf Tellern verteilen und mit dem Dressing beträufeln. Gefüllte Champignons darauf anrichten und mit den Vollkornbrötchen servieren.

mit Kokosmilch

Auberginen-Möhren-Curry mit Reis

pro Person

13 SmartPoints Wert

Zutaten für 2 Personen:

100 g Langkornreis
Salz
3 Auberginen
3 Möhren
1 Zwiebel
1 EL Rapsöl
250 ml Gemüsebrühe (1 TL Instantpulver)
100 ml Kokosmilch
½–1 TL gelbe Currypaste (aus dem Asienladen, ersatzweise scharfes Currypulver)

1 Den Reis nach Packungsangabe in Salzwasser garen. Die Auberginen putzen und waschen. Die Möhren und die Zwiebel schälen. Alle Gemüse in Würfel schneiden.

2 Das Öl in einer Pfanne erhitzen und die Gemüsewürfel darin kurz andünsten. Die Brühe und die Kokosmilch dazugießen und die Gemüse darin 5–10 Minuten garen. Das Curry mit der Currypaste abschmecken. Den Reis abgießen und auf Teller oder Schüsseln verteilen, das Curry dazu anrichten.

Klassiker auf leichte Art

Semmelknödel mit Lauch-Champignon-Rahm

pro Person

10 SmartPoints Wert

Zutaten für 2 Personen:

2 Semmelknödel (Fertigprodukt, à 100 g)
Salz
250 g Champignons
1 TL Rapsöl
300 g Lauchringe (TK)
200 ml Gemüsebrühe (1 TL Instantpulver)
125 ml Cremefine zum Kochen (15 % Fett)
1 EL Mehl
Pfeffer
1 TL gehackte Petersilie (frisch oder TK)

1 Die Semmelknödel nach Packungsangabe in Salzwasser gar ziehen lassen. Inzwischen die Champignons putzen, trocken abreiben und in Scheiben schneiden. Das Öl in einer Pfanne erhitzen. Die Champignonscheiben und die Lauchringe darin ca. 5 Minuten andünsten.

2 Die Brühe und die Cremefine zum Gemüse geben. Das Mehl mit 2 EL Wasser verrühren, in die Sauce einrühren und kurz weiterköcheln. Die Sauce mit Salz und Pfeffer abschmecken. Die Semmelknödel mit einem Schaumlöffel aus dem Wasser heben, kurz abtropfen lassen und mit dem Lauch-Champignon-Rahm auf Tellern anrichten. Mit der Petersilie bestreut servieren.

mit würzigem Radieschen-Gurken-Salat

Eier in Kerbel-Senf-Sauce mit Pellkartoffeln

pro Person

11 SmartPoints Wert

Zutaten für 2 Personen:

500 g Kartoffeln
Salz
2 Eier
1 Schalotte
1 TL Rapsöl
2 EL Schmand
1 TL Mehl
150 ml Gemüsebrühe (1 TL Instantpulver)
1 EL körniger Senf
Pfeffer
1 EL gehackter Kerbel (frisch oder TK)
1 TL Zitronensaft
1 Bund Radieschen
1 große Salatgurke
75 g fettarmer Joghurt
1 EL Aceto balsamico bianco
1 EL gehackte Petersilie (frisch oder TK)
nach Belieben Kerbel zum Garnieren

1 Die Kartoffeln waschen und mit Schale in Salzwasser ca. 20 Minuten garen. Inzwischen die Eier in kochendem Wasser ca. 7 Minuten hart kochen und kalt abschrecken. Die Schalotte schälen und in Würfel schneiden.

2 Das Öl in einem Topf erhitzen und die Schalottenwürfel darin glasig andünsten. Den Schmand mit dem Mehl verrühren und mit der Brühe zu den Schalotten geben. Die Sauce mit Senf, Salz und Pfeffer würzen und ca. 5 Minuten köcheln lassen. Den Kerbel in die Sauce rühren, mit Zitronensaft abschmecken. Die Eier pellen, halbieren, in die Sauce geben und darin kurz erwärmen.

3 Für den Salat die Radieschen putzen und waschen. Die Gurke schälen und mit den Radieschen in Scheiben schneiden. Den Joghurt mit dem Essig verrühren, salzen, pfeffern und über die Gemüsescheiben geben. Die Petersilie auf den Salat streuen.

4 Die Kartoffeln abgießen und auf Teller verteilen. Die Eier in Kerbel-Senf-Sauce mit den Pellkartoffeln und dem Radieschen-Gurken-Salat servieren. Nach Belieben mit Kerbel garnieren.

raffiniert

Asiatischer Pfannkuchen vom Blech

pro Person

13 SmartPoints Wert

Zutaten für 2 Personen:

2 Eier
200 ml fettarme Milch
50 ml kohlensäurehaltiges Mineralwasser
120 g Mehl
Salz
1 kleiner Chinakohl
1 Stück Ingwer (ca. 2 cm)
1 TL Rapsöl
1 rote Chilischote
5 EL Sojasauce
3 EL süßsaure Sauce (Fertigprodukt)
1 TL Honig
Pfeffer
nach Belieben zarte Mangoldblätter zum Garnieren

1 Ein Backblech mit einer Alufolie halbieren (siehe Tipp). Eine Hälfte mit Wasser anfeuchten, mit Backpapier belegen und in den Ofen schieben. Blech und Ofen auf 220 °C (Gas Stufe 4, Umluft 200 °C) vorheizen.

2 Eier, Milch, Mineralwasser, Mehl und Salz zu einem Teig verrühren. Auf dem Backpapier verteilen und im Backofen auf mittlerer Schiene ca. 10–12 Minuten backen.

3 Inzwischen den Chinakohl putzen, vierteln, den Strunk entfernen und den Chinakohl in Streifen schneiden. Waschen und abtropfen lassen. Den Ingwer schälen und fein hacken. Das Öl in einer Pfanne erhitzen und die Chinakohlstreifen mit dem Ingwer darin ca. 5 Minuten dünsten. Die Chilischote waschen, entkernen und in Ringe schneiden. Mit Sojasauce, süßsaurer Sauce und Honig zum Chinakohl geben und untermischen. Mit Pfeffer abschmecken.

4 Den fertigen Pfannkuchen aus dem Ofen holen, halbieren und jede Hälfte mit Chinakohl füllen. Zusammenklappen und servieren. Nach Belieben mit ein paar Mangoldblättern garnieren.

TIPP!

Ein großes Stück Alufolie mehrmals falten, sodass ein stabiler Trennstreifen entsteht. Die Höhe sollte dem Backblech entsprechen, die Seiten sollten unten nach links und rechts weggeklappt sein, damit der Trennstreifen fest auf dem Backblech steht.

gelingt leicht

Schnelle Asiapfanne mit Cashewkernen

pro Person

7 SmartPoints Wert

Zutaten für 2 Personen:

120 g Langkornreis
Salz
600 g Asiatisches Pfannengemüse (TK)
2 EL Tomatenmark
5 EL Sojasauce
2 TL Limettensaft (ersatzweise Zitronensaft)
1/2 TL Chilipulver
10 Cashewkerne

1 Den Reis nach Packungsangabe in Salzwasser garen. Inzwischen das asiatische Pfannengemüse nach Packungsangabe zubereiten.

2 Das Tomatenmark mit Sojasauce, Limettensaft und Chilipulver verrühren. Zum Pfannengemüse geben und unterrühren. Den Reis unter das Gemüse heben. Auf Tellern verteilen, mit den Cashewkernen bestreuen und servieren.

italienisch inspiriert

Nudeln mit Zucchini-Tomaten-Sauce

pro Person

11 SmartPoints Wert

Zutaten für 2 Personen:

1 große Zucchini
2 TL Rapsöl
160 g trockene Linguine
Salz
500 g stückige Tomaten
Pfeffer
1 TL gehackter Salbei (frisch oder getrocknet)
1 TL Paprikapulver oder
1 Prise Chilipulver (nach Belieben)
2 EL geriebener Parmesan
nach Belieben Salbei zum Garnieren

1 Die Zucchini putzen, waschen und in Scheiben schneiden. Das Öl in einer Pfanne erhitzen und die Zucchinischeiben darin ca. 5 Minuten dünsten. Die Linguine nach Packungsangabe in reichlich Salzwasser bissfest garen.

2 Die stückigen Tomaten zu den Zucchini geben und ca. 5 Minuten köcheln lassen. Mit Salz, Pfeffer und Salbei würzen. Nach Belieben das Paprikapulver oder Chilipulver dazugeben und unterrühren. Die Linguine in ein Sieb abgießen, abtropfen lassen, mit der Zucchini-Tomaten-Sauce mischen und mit Parmesan bestreuen. Nach Belieben mit Salbei garnieren und servieren.

gelingt leicht

Tortelliniauflauf mit Ziegenkäse

pro Person

13 SmartPoints Wert

Zutaten für 2 Personen:

150 g Tortellini mit Spinatfüllung
Salz
1 Zwiebel
1 TL Rapsöl
1 Dose stückige Tomaten (400 g Füllmenge)
Pfeffer
1 TL Pizzagewürz
1 Prise Zucker
80 g Ziegenfrischkäse
einige Blätter Basilikum

1 Den Backofen auf 180 °C (Gas Stufe 2, Umluft 160 °C) vorheizen. Die Tortellini nach Packungsangabe in Salzwasser garen. Inzwischen die Zwiebel schälen und in Würfel schneiden. Das Öl in einer ofenfesten Pfanne erhitzen und die Zwiebelwürfel darin andünsten. Die stückigen Tomaten mit Saft dazugeben, mit Salz, Pfeffer, 1/2 TL Pizzagewürz und Zucker würzen und aufkochen.

2 Die Tortellini in ein Sieb abgießen, abtropfen lassen und unterheben. Den Ziegenfrischkäse in Stücken darauf verteilen. Den Auflauf im heißen Ofen auf der mittleren Schiene ca. 5 Minuten überbacken.

3 Das Basilikum waschen und trocken schütteln. Den Tortelliniauflauf aus dem Ofen holen, mit dem restlichen Pizzagewürz bestreuen, mit den Basilikumblättchen garnieren und servieren.

raffiniert

Veggie-Pita mit Tofu

pro Person

10 SmartPoints Wert

Zutaten für 2 Personen:

100 g Paprikatofu
1 TL Rapsöl
Salz
Pfeffer
1/2 TL Gyrosgewürz
2 Pitabrot-Taschen
2 EL Ajvar (Paprikapaste; aus dem Glas)
1/2 kleiner Eisbergsalat
100 g Kirschtomaten
2 EL Krautsalat ohne Sahne (aus dem Kühlregal)
75 ml Weight Watchers Frisches Joghurt Dressing mit Zitronennote

1 Den Tofu in ca. 1 cm große Würfel schneiden. Das Öl in einer Pfanne erhitzen und die Tofuwürfel darin ca. 5 Minuten anbraten. Mit Salz, Pfeffer und Gyrosgewürz würzen. Die Pitabrot-Taschen toasten und innen mit Ajvar ausstreichen.

2 Den Eisbergsalat waschen, trocken schleudern und in mundgerechte Stücke zupfen. Die Kirschtomaten waschen und halbieren. Einen Teil der Tofuwürfel mit etwas Krautsalat, Eisbergsalat und einigen Kirschtomatenhälften in die Pitabrot-Taschen füllen. Die übrigen Zutaten mit dem Dressing mischen und als Salat zur Veggie-Pita reichen.

VARIANTE!

*80 g Schafkäse light in Würfel schneiden und anstelle des Tofus in die Pitabrot-Taschen füllen. Der **SmartPoints** Wert ändert sich nicht.*

sahnig-fein

Schupfnudelpfanne mit Brokkoli

pro Person

13 SmartPoints Wert

Zutaten für 2 Personen:

500 g Brokkoliröschen (TK)
Salz
2 TL Rapsöl
250 g Schupfnudeln (aus dem Kühlregal)
30 g Gorgonzola (55 % Fett i. Tr.)
200 ml Cremefine zum Kochen (7 % Fett)
Pfeffer

1 Die gefrorenen Brokkoliröschen in kochendem Salzwasser ca. 8 Minuten garen. Inzwischen das Öl in einer Pfanne erhitzen und die Schupfnudeln darin ca. 5 Minuten anbraten. Den Gorgonzola in Würfel schneiden.

2 Die Brokkoliröschen in ein Sieb abgießen, abtropfen lassen, zu den Schupfnudeln geben und mischen. Die Cremefine und den Gorgonzola hinzufügen und aufkochen. Die Schupfnudelpfanne mit Salz und Pfeffer abschmecken und auf Tellern verteilen.

gelingt leicht

Pellkartoffeln mit Currywirsing

pro Person

11 SmartPoints Wert

Zutaten für 2 Personen:

400 g kleine festkochende Kartoffeln (z. B. Drillinge)
Salz
1 Möhre
1/2 Wirsing (ca. 400 g)
1 TL Rapsöl
100 ml Gemüsebrühe (1/2 TL Instantpulver)
100 g Schmand
Pfeffer
1 TL Currypulver
grobes Meersalz

1 Die Kartoffeln waschen und mit Schale in Salzwasser ca. 15 Minuten garen. Inzwischen die Möhre putzen, schälen und in Scheiben schneiden. Den Wirsing putzen, vierteln, den Strunk entfernen und den Wirsing in Streifen schneiden. Wirsingstreifen waschen und abtropfen lassen.

2 Das Öl in einem Topf erhitzen und Möhrenscheiben mit den Wirsingstreifen darin kurz anbraten. Mit der Brühe ablöschen und das Gemüse zugedeckt ca. 12 Minuten garen. Mit Schmand verfeinern und mit Salz, Pfeffer und Currypulver abschmecken. Die Pellkartoffeln abgießen, mit Meersalz bestreuen und mit dem Currywirsing servieren.

feines Frühlingsessen

Gemüseomelett mit Schafkäse

pro Person

12 SmartPoints Wert

Zutaten für 2 Personen:

150 g grüner Spargel
1 TL Rapsöl
1 Dose Erbsen (280 g Abtropfgewicht)
3 Eier
Salz
Pfeffer
1 TL gehackter Estragon (frisch oder TK)
100 g Schafkäse light
200 g Pflücksalatmischung (aus dem Kühlregal)
1 Becher Weight Watchers Frisches American Dressing mit Kräutern
nach Belieben Estragon zum Garnieren

1 Den Spargel waschen und im unteren Drittel schälen, die holzigen Enden abschneiden und die Stangen in 3–4 Stücke schneiden. Das Öl in einer Pfanne erhitzen und die Spargelstücke darin ca. 5 Minuten braten. Die Erbsen in ein Sieb abgießen, abtropfen lassen und dazugeben.

2 Die Eier verquirlen, mit Salz, Pfeffer und Estragon würzen. Den Schafkäse zerbröckeln. Die Eiermischung über das Gemüse geben und den Schafkäse darauf verteilen. Das Ganze zugedeckt ca. 5 Minuten stocken lassen.

3 Inzwischen den Salat waschen und trocken schleudern. Mit dem Salatdressing in einer Schüssel mischen. Das Gemüseomelett halbieren, nach Belieben mit Estragon bestreuen, auf Tellern anrichten und mit dem Salat servieren.

orientalischer Genuss

Auberginen-Linsen-Pfanne mit Räuchertofu

pro Person

12 SmartPoints Wert

Zutaten für 2 Personen:

2 Tomaten
1 Zwiebel
1 Aubergine
200 g Räuchertofu
1 Knoblauchzehe
2 TL Rapsöl
80 g trockene rote Linsen
Salz
Pfeffer
1 TL Paprikapulver
1 TL gemahlener Kreuzkümmel
1 EL gehackte Petersilie (frisch oder TK)
2 Ecken Fladenbrot (à 50 g)

1 Die Tomaten waschen und ohne die Stielansätze in Stücke schneiden. Die Zwiebel schälen und in kleine Würfel schneiden. Die Aubergine putzen, waschen und in Würfel schneiden. Den Tofu ebenfalls in Würfel schneiden. Den Knoblauch schälen und durch die Presse drücken. Das Öl in einer Pfanne erhitzen und die Tofu-, Zwiebel-, Auberginenwürfel und den Knoblauch darin ca. 2 Minuten anbraten.

2 Die Linsen hinzufügen und 200 ml Wasser dazugießen. Gemüse und Linsen ca. 10 Minuten garen. Die Tomatenstücke untermischen und ca. 2 Minuten mitgaren. Mit Salz, Pfeffer, Paprikapulver und Kreuzkümmel würzen.

3 Die Auberginen-Linsen-Pfanne auf Teller verteilen, mit der Petersilie bestreuen und mit Fladenbrot servieren.

gelingt leicht

Bunte Gemüse-Nudel-Pfanne mit Frischkäse

pro Person

12 SmartPoints Wert

Zutaten für 2 Personen:

120 g Farfalle
Salz
1 EL Rapsöl
250 g Karotten
150 g Erbsen (TK)
200 ml Gemüsebrühe (1 TL Instantpulver)
200 g Kräuterfrischkäse (bis 1 % Fett absolut)
1 EL Schmand
1 TL gehackte Petersilie (frisch oder TK)
Pfeffer
1–2 TL Zitronensaft

1 Die Farfalle nach Packungsangabe in Salzwasser garen. Inzwischen die Möhren schälen und in Scheiben schneiden. Das Öl in einer Pfanne erhitzen und die Möhrenscheiben zusammen mit den gefrorenen Erbsen darin kurz andünsten. Die Brühe dazugießen und das Gemüse darin 5–10 Minuten garen.

2 Den Kräuterfrischkäse, den Schmand und die Petersilie einrühren. Mit Salz, Pfeffer und Zitronensaft abschmecken. Die Farfalle in ein Sieb abgießen, abtropfen lassen und unterheben. Kurz in der Sauce ziehen lassen. Die bunte Gemüse-Nudel-Pfanne auf Tellern verteilen und servieren.

mit leichter Schärfe

Tofupfanne mit Reis und Spinat

pro Person

11 SmartPoints Wert

Zutaten für 2 Personen:

200 g Tofu
2 TL Rapsöl
2 TL Sesamsamen
1 Knoblauchzehe
400 g Blattspinat (TK)
1–2 TL Sambal oelek
2 EL Sojasauce
250 g Langkorn-Expressreis
Pfeffer

1 Den Tofu in Würfel schneiden. Das Öl in einer Pfanne erhitzen und die Tofuwürfel mit den Sesamsamen darin kurz anbraten. Den Knoblauch schälen und durch die Presse drücken. Mit dem gefrorenen Spinat, dem Sambal oelek und der Sojasauce zum Tofu geben. Die Tofupfanne zugedeckt ca. 10 Minuten dünsten.

2 Inzwischen den Reis nach Packungsangabe mit 4 EL Wasser in einer Pfanne ca. 3 Minuten (oder in der Mikrowelle) garen. Unterheben. Die Tofupfanne mit Pfeffer abschmecken und servieren.

zum Sattessen

Möhrenrösti mit Quarkdip

pro Person

9 SmartPoints Wert

Zutaten für 2 Personen:

2 TL Rapsöl
300 g Reibekuchenteig (aus dem Kühlregal)
200 g Möhrenraspel (aus dem Kühlregal, siehe Tipp)
2 Eier
250 g Magerquark
2 EL kohlensäurehaltiges Mineralwasser
2 Frühlingszwiebeln
2 TL gehackte gemischte Kräuter (frisch oder TK)
Salz
Pfeffer
nach Belieben Möhrenraspel, Frühlingszwiebelringe und Petersilie zum Garnieren

1 Den Backofen auf 220 °C (Gas Stufe 4, Umluft 200 °C) vorheizen. 1 TL Öl in einer großen Pfanne erhitzen. Den Reibekuchenteig mit den Möhrenraspeln und den Eiern in einer Schüssel mischen. Aus der Hälfte der Masse drei kleine Häufchen in die Pfanne setzen und die Puffer auf jeder Seite ca. 1 Minute braten. Herausnehmen und auf ein mit Backpapier belegtes Backblech legen.

2 Das restliche Öl im Bratensatz erhitzen und aus dem übrigen Teig nochmals drei Puffer auf jeder Seite ca. 1 Minute braten. Alle Puffer auf das Backblech legen und im heißen Ofen auf der mittleren Schiene ca. 15 Minuten garen.

3 Inzwischen den Quark mit dem Mineralwasser glatt rühren. Die Frühlingszwiebeln putzen, waschen und in feine Ringe schneiden. Mit den Kräutern unter den Quark rühren, mit Salz und Pfeffer abschmecken. Die Möhrenrösti mit dem Quarkdip servieren. Nach Belieben mit Möhrenraspeln, Frühlingszwiebelringen und Petersilie garnieren.

TIPP!

Wenn Sie etwas mehr Zeit haben, können Sie natürlich auch eine große Möhre putzen, waschen, schälen und auf der Gemüsereibe frisch raspeln.

für Italien-Fans

Rucola-Tomaten-Risotto

pro Person

10 SmartPoints Wert

Zutaten für 2 Personen:

1 Schalotte
1 Knoblauchzehe
3 Tomaten
75 g Rucola
1 TL Rapsöl
100 g Minutenreis
250 ml Gemüsebrühe (1 TL Instantpulver)
75 ml Weißwein (trocken oder halbtrocken)
1 EL Halbfettmargarine
Salz
Pfeffer
3 EL geriebener Parmesan

1 Die Schalotte schälen und in kleine Würfel schneiden. Den Knoblauch schälen und durch die Presse drücken. Die Tomaten waschen und ohne die Stielansätze in Würfel schneiden. Den Rucola verlesen, waschen, trocken schütteln und klein hacken.

2 Das Öl in einer Pfanne erhitzen, Schalottenwürfel, Knoblauch und Reis darin unter Rühren glasig andünsten. Brühe und Wein hinzufügen und alles unter Rühren ca. 15 Minuten garen.

3 Die Tomatenwürfel und die Margarine unterheben. Das Risotto mit Salz und Pfeffer würzen. Den gehackten Rucola unterheben und das Rucola-Tomaten-Risotto auf Tellern anrichten. Mit dem Parmesan bestreuen und servieren.

gelingt leicht

Backerbsen-Gemüse-Suppe

pro Person

8 SmartPoints Wert

Zutaten für 2 Personen:

450 g Suppengemüse (TK)
650 ml Gemüsebrühe (2 TL Instantpulver)
75 g Backerbsen
1 EL gehackter Liebstöckel (frisch oder TK)
Salz
Pfeffer
2 EL geriebener Parmesan
nach Belieben Liebstöckel zum Garnieren

1 Das gefrorene Suppengemüse mit der Brühe in einen Topf geben und bei schwacher Hitze zugedeckt ca. 10 Minuten auftauen und garen.

2 Die Backerbsen und den gehackten Liebstöckel hinzufügen. Mit Salz und Pfeffer würzen. Die Backerbsen-Gemüse-Suppe auf tiefe Teller verteilen, mit dem Parmesan bestreuen und nach Belieben mit Liebstöckel garniert servieren.

cremig fein

Feine Erbsensuppe mit Estragon

pro Person

12 SmartPoints Wert

Zutaten für 2 Personen:

1 Zwiebel
2 TL Rapsöl
800 g Erbsen (TK)
2 TL getrockneter Estragon
600 ml Gemüsebrühe (3 TL Instantpulver)
Salz
grob gemahlener Pfeffer
1–2 EL Zitronensaft
3 EL Crème légère

1 Die Zwiebel schälen und in kleine Würfel schneiden. Das Öl in einem Topf erhitzen und die Zwiebelwürfel darin unter Rühren glasig andünsten. Die gefrorenen Erbsen und den Estragon hinzufügen und die Brühe dazugießen. Die Suppe zum Kochen bringen und ca. 10 Minuten bei schwacher Hitze garen.

2 Die Suppe mit dem Pürierstab pürieren und mit Salz, Pfeffer und Zitronensaft abschmecken. Mit der Crème légère verfeinern und auf tiefe Teller oder Suppenschüsseln verteilen.

fruchtig und cremig-fein

Gemüse-Mango-Pfanne

pro Person

8 SmartPoints Wert

Zutaten für 2 Personen:

120 g Minutenreis
Salz
500 g Brokkoliröschen (TK)
1 Zucchini
1 rote Zwiebel
1 kleine Mango
1 TL Rapsöl
125 ml Gemüsebrühe (1/2 TL Instantpulver)
50 ml Cremefine zum Kochen (7 % Fett)
100 g Kräuterfrischkäse (bis 1 % Fett absolut)
grob gemahlener Pfeffer
1/2 TL Currypulver
1 TL gehacktes Basilikum (frisch oder TK)
nach Belieben Basilikum zum Garnieren

1 Den Reis nach Packungsangabe in Salzwasser garen. Inzwischen die Brokkoliröschen in der Mikrowelle auftauen. Die Zucchini putzen, waschen, längs halbieren und in Scheiben schneiden. Die Zwiebel schälen und in Ringe schneiden. Die Mango schälen, das Fruchtfleisch vom Stein schneiden und nicht zu klein würfeln.

2 Das Öl in einer Pfanne erhitzen und Brokkoliröschen mit Zucchinischeiben und Zwiebelringen darin ca. 5 Minuten andünsten. Die Brühe dazugießen, die Mangowürfel untermischen und alles zugedeckt 5–8 Minuten garen.

3 Die Cremefine und den Frischkäse einrühren, mit Salz, Pfeffer und Currypulver kräftig abschmecken. Das Basilikum untermischen und die Gemüse-Mango-Pfanne mit dem Reis servieren. Nach Belieben mit Basilikum garnieren.

mit dreierlei Pilzen

Pilzgeschnetzeltes mit Spätzle

pro Person

13 SmartPoints Wert

Zutaten für 2 Personen:

100 g Austernpilze
100 g Steinpilze
100 g Champignons
1 Zwiebel
1 Knoblauchzehe
2 TL Rapsöl
250 ml Gemüsebrühe (1 TL Instantpulver)
100 ml Cremefine zum Kochen (7 % Fett)
Salz
1 TL rosa Pfefferbeeren
1 TL gehackter Estragon (frisch oder TK)
1 TL Paprikapulver
1 TL Mehl
400 g Spätzle (aus dem Kühlregal)
nach Belieben Estragon zum Garnieren

1 Austern-, Steinpilze und Champignons putzen, trocken abreiben und in Stücke schneiden. Die Zwiebel schälen und in kleine Würfel schneiden. Den Knoblauch schälen und durch die Presse drücken. Das Öl in einer Pfanne erhitzen, Pilzstücke, Zwiebelwürfel und Knoblauch darin kurz anbraten.

2 Die Brühe und die Cremefine dazugeben. Die Sauce mit Salz, rosa Pfeffer, Estragon und Paprikapulver würzen und zum Kochen bringen. Das Mehl mit 1 EL Wasser verrühren, in die Sauce geben und ca. 5 Minuten köcheln lassen.

3 Inzwischen die Spätzle nach Packungsangabe in Salzwasser garen, in ein Sieb abgießen, abtropfen lassen und mit dem Pilzgeschnetzelten auf Tellern anrichten. Nach Belieben mit Estragon garnieren.

Kleine Sünden

DESSERTS & SÜSSES

Gönnen Sie sich ein süßes Finale! Ob fruchtig oder cremig, heiß oder kalt – hier werden Sie garantiert fündig.

gelingt leicht

Schoko-Minze-Creme

pro Person

5 SmartPoints Wert

Zutaten für 2 Personen:

½ Bund Minze
250 ml fettarme Milch
2 EL Schokoladenpuddingpulver
75 g Magermilchjoghurt
einige Tropfen flüssiger Süßstoff
1 kleine Banane

1 Die Minze waschen, trocken schütteln und die Blätter abzupfen. Einige Minzeblätter zum Garnieren beiseitelegen. Die restlichen Minzeblätter mit der Milch aufkochen und durch ein Sieb gießen. Aus der Minzemilch und dem Puddingpulver nach Packungsangabe einen Pudding zubereiten.

2 Den Pudding zugedeckt abkühlen lassen, mit dem Joghurt gut verrühren und mit etwas flüssigem Süßstoff abschmecken.

3 Die Schoko-Minze-Creme in Dessertschalen füllen. Die Banane in Scheiben schneiden und auf der Creme anrichten. Das Dessert mit den Minzeblättern garnieren und servieren.

auch für Kinder

Grüne Grütze mit Vanillesauce

pro Person

3 SmartPoints Wert

Zutaten für 2 Personen:

2 Kiwis
70 g grüne kernlose Weintrauben
1 grüner Apfel (z.B. Granny Smith)
1 EL Speisestärke
2 TL Zucker
2 EL Vanillesauce (Fertigprodukt)

1 Die Kiwis schälen und in Würfel schneiden. Die Weintrauben waschen und halbieren. Den Apfel waschen, vierteln, vom Kerngehäuse befreien und in kleine Würfel schneiden. Die Obstwürfel mit 50 ml Wasser in einen Topf geben und ca. 5 Minuten dünsten.

2 Die Speisestärke mit 1 EL Wasser anrühren, dazugeben und die Mischung kurz köcheln lassen. Die grüne Grütze mit dem Zucker süßen und mit der Vanillesauce servieren.

schneller geht's nicht

Cookie-Eis mit Orangen

pro Person

6 SmartPoints Wert

Zutaten für 2 Personen:

100 g fettreduziertes Vanilleeis
2 Orangen
1 Butterkeks mit Schokolade

1 Das Eis ca. 5 Minuten leicht antauen lassen. Die Orangen mit einem Messer so schälen, dass auch die weiße Haut komplett entfernt wird. Die Filets aus den Häutchen schneiden.

2 Den Butterkeks fein hacken, einige Brösel zur Seite stellen und die restlichen unter das Eis rühren. Das Cookie-Eis nochmals ca. 10 Minuten einfrieren. Auf Dessertteller oder -schälchen verteilen, mit den Keksbröseln garnieren und mit den Orangenfilets anrichten.

raffiniert

Schnelle Kirschcreme

pro Person

6 SmartPoints Wert

Zutaten für 2 Personen:

1 Mürbeteigtortelett (25 g)
85 g ungezuckerte Kirschen (aus dem Glas)
200 g Magerquark
2 TL Kirschsaft
80 g Vanillejoghurt (0,1 % Fett)
1 EL Raspelschokolade (Zartbitter)

1 Das Tortelett grob zerbröseln und einige Brösel zum Garnieren beiseitestellen. Die Kirschen in ein Sieb abgießen und abtropfen lassen, dabei 2 TL Saft auffangen. Quark und Vanillejoghurt mit dem Kirschsaft verrühren. Die Tortelettbrösel locker unter die Creme heben.

2 Die Kirschen auf Dessertgläser verteilen und die Creme daraufgeben. Die schnelle Kirschcreme mit den Schokoraspeln und den übrigen Tortelettbröseln bestreuen und servieren.

knuspriger Vorrat

Scharfe Schokocrossies

pro Stück

1 SmartPoints Wert

Zutaten für 50 Stück:

200 g Zartbitterschokolade
½ TL Chiliflocken
100 g Cornflakes
2 EL Mandelstifte

1 Die Zartbitterschokolade grob hacken und im warmen Wasserbad schmelzen. Mit Chiliflocken würzen. Cornflakes und Mandelstifte unterheben.

2 Die Masse mit Hilfe von zwei Teelöffeln auf Backpapier setzen und fest werden lassen.

TIPP!

Wer es würzig liebt, kann die Menge an Chiliflocken erhöhen. In einer luftdicht verschlossenen Dose halten die Schokocrossies ca. 4 Wochen.

auch für Kinder

Milchreis mit Erdbeeren

pro Person

8 SmartPoints Wert

Zutaten für 2 Personen:

65 g Minuten-Milchreis
250 ml fettarme Milch
1 Päckchen Vanillezucker
300 g Erdbeeren
1 TL Puderzucker

1 Den Milchreis nach Packungsangabe mit der Milch und dem Vanillezucker zubereiten.

2 2 Erdbeeren waschen, mit Grün halbieren und zur Seite stellen. Restliche Erdbeeren ebenfalls waschen, putzen und trocken tupfen. 200 g Erdbeeren und den Puderzucker in eine Schüssel geben und mit dem Pürierstab pürieren. Die übrigen Erdbeeren in Stücke schneiden.

3 Den Milchreis mit dem Erdbeerpüree und den -stücken in Dessertgläser schichten, mit den Erdbeerhälften garnieren und servieren.

orientalisch inspiriert

Süßer Couscous mit Datteln und Feigen

pro Person

6 SmartPoints Wert

Zutaten für 2 Personen:

40 g Couscous
2 Feigen
40 g getrocknete Datteln
200 g Ananas (geschält, aus dem Kühlregal)
75 g Magermilchjoghurt
3 Tropfen Vanillearoma
1 Spritzer Süßstoff
1 TL Zitronensaft
1 TL Kokosraspel

1 Den Couscous mit 80 ml kochendem Wasser überbrühen, ca. 3–5 Minuten quellen lassen und einmal durchrühren.

2 Die Feigen halbieren. 3 Feigenhälften, Datteln und Ananas in feine Würfel schneiden und mit dem Joghurt unter den Couscous mischen. Mit Vanillearoma, Süßstoff und Zitronensaft verfeinern.

3 2 Gläser am Rand befeuchten und mit Kokosraspeln bestreuen. Den Couscous in die Gläser füllen. Die restliche Feigenhälfte vierteln. Den Couscous mit Feigenvierteln garniert servieren.

auch fein für Gäste

Fruchtspieße mit Orangen-Joghurt-Dip

pro Person

3 SmartPoints Wert

Zutaten für 2 Personen:

1/2 kleine Ananas
2 Orangen, unbehandelt
4 Physalis
1 Karambole (Sternfrucht)
1 EL gehackte Minze (frisch oder getrocknet)
250 g fettarmer Joghurt
1 TL Honig
nach Belieben gehackte Minze und abgeriebene Orangenschale zum Garnieren

Außerdem
4 Holzspieße

1 Die halbe Ananas schälen, nochmals längs durchschneiden und den Strunk entfernen. Das Fruchtfleisch in große Würfel schneiden. Orangen heiß waschen und abtrocknen. Von 1/2 Orange die Schale abreiben und den Saft auspressen. Die übrigen 1 1/2 Orangen schälen und in Stücke schneiden. Physalis und die Karambole waschen. Karambole in Scheiben schneiden.

2 Die Obststücke und -scheiben abwechselnd auf Spieße stecken und mit der gehackten Minze bestreuen.

3 Den Joghurt mit 1 Prise Orangenschale, dem ausgepressten Orangensaft und dem Honig verrühren. Nach Belieben mit Minze und Orangenschale garnieren. Die Fruchtspieße mit dem Orangen-Joghurt-Dip servieren.

gelingt leicht

Apfel-Amarettini-Creme

pro Person

6 SmartPoints Wert

Zutaten für 2 Personen:

100 g Magerquark
250 g fettarmer Joghurt
2 TL Honig
10 Amarettini
100 g Apfelmus (ungezuckert)
einige Blätter Minze
1/2 TL Kakaopulver

1 Den Quark in einer Schüssel mit dem Joghurt und dem Honig verrühren. Die Amarettini in einem Gefrierbeutel zerdrücken und mit dem Apfelmus und der Quark-Joghurt-Creme in Dessertgläser schichten.

2 Die Minze waschen und trocken tupfen. Die Apfel-Amarettini-Creme mit dem Kakaopulver bestäuben und mit etwas Minze garnieren. Das Dessert sofort servieren.

raffiniert

Gebratene Bananen mit Zimtcreme

pro Person

5 SmartPoints Wert

Zutaten für 2 Personen:

2 TL Rapsöl
2 Bananen
2 TL Honig
100 g fettarmer Joghurt
1 EL Schmand
1/2 TL Zimtpulver

1 Das Öl in einer Pfanne erhitzen. Die Bananen schälen, in Stücke schneiden und im heißen Öl 1–2 Minuten rundherum braten. Mit dem Honig beträufeln.

2 Den Joghurt mit dem Schmand und dem Zimtpulver verrühren. Die gebackenen Bananen auf kleine Teller verteilen und mit der Zimtcreme anrichten.

TIPP!

*Anstelle des Schmands können Sie auch die doppelte Menge kalorienreduzierte Sprühsahne verwenden. Der **SmartPoints** Wert bleibt gleich.*

auch für Kinder

Schupfnudeln mit Birnenmus

pro Person

4 SmartPoints Wert

Zutaten für 2 Personen:

2 reife Birnen
1 TL Zitronensaft
1 Prise Zimtpulver
1 TL Rapsöl
100 g Schupfnudeln (aus dem Kühlregal)
1 EL Puderzucker
nach Belieben Minze zum Garnieren

1 Die Birnen vierteln, vom Kerngehäuse befreien, schälen und in Würfel schneiden. Mit dem Zitronensaft in einen kleinen Topf geben und ca. 5 Minuten dünsten. Mit einer Gabel grob zerdrücken und mit Zimtpulver verfeinern.

2 Das Öl in einer Pfanne erhitzen. Die Schupfnudeln darin bei schwacher Hitze ca. 5 Minuten anbraten. Mit dem Puderzucker bestäuben und kurz karamellisieren lassen. Die Schupfnudeln mit dem Birnenmus auf Desserttellern anrichten, nach Belieben mit Minze garnieren und servieren.

feines Sommerdessert

Vanilleeis mit gebackener Ananas

pro Person

7 SmartPoints Wert

Zutaten für 2 Personen:

2 Ringe Ananas (geschält und geschnitten, aus dem Kühlregal)
2 Stängel Minze
1 EL brauner Zucker
2 Kugeln fettreduziertes Vanilleeis

1 Den Backofen auf 220 °C (Gas Stufe 4, Umluft 200 °C) vorheizen. Die Ananasringe auf ein mit Backpapier belegtes Backblech legen. Die Minze waschen und trocken schütteln, die Blätter abzupfen und fein hacken. Mit dem Zucker vermischen.

2 Die Ananasringe mit der Zucker-Minze-Mischung bestreuen und im heißen Ofen auf der mittleren Schiene 10–15 Minuten backen. Je 1 Ananasring auf einen Dessertteller geben und je 1 Kugel Vanilleeis daraufsetzen. Das Dessert sofort servieren.

raffiniert

Marsalabeeren mit Baiser

pro Person

5 SmartPoints Wert

Zutaten für 2 Personen:

20 g Marzipanrohmasse
150 g gemischte Beeren (frisch oder TK)
1 TL Speisestärke
1 EL Marsala
1 Eiweiß
1 EL Puderzucker

Außerdem
2 ofenfeste Förmchen (Ø ca. 10 cm)

1 Den Backofen auf 180 °C (Gas Stufe 2, Umluft 160 °C) vorheizen. Die Marzipanrohmasse in feine Würfel schneiden. Mit den gefrorenen Beeren und der Speisestärke mischen. Auf zwei ofenfeste Förmchen verteilen und mit dem Marsala beträufeln.

2 Das Eiweiß mit dem Puderzucker steif schlagen. Den Eischnee auf die Förmchen verteilen und im heißen Ofen auf der mittleren Schiene 5–10 Minuten backen, bis das Baiser eine goldene Farbe bekommen hat. Die Marsalabeeren mit Baiser aus dem Ofen holen und servieren.

Klassiker ganz leicht und schnell

Beeren-Crumble mit Zimtstreuseln

pro Person

6 SmartPoints Wert

Zutaten für 2 Personen:

200 g Beerenmischung (TK)
2 TL brauner Zucker
4 Butterkekse
2 EL Cornflakes
2 EL Halbfettmargarine
Zimtpulver

Außerdem
2 ofenfeste Förmchen (Ø ca. 10 cm)

1 Den Backofen auf 200 °C (Gas Stufe 3, Umluft 180 °C) vorheizen. Die gefrorene Beerenmischung auf die ofenfesten Formen verteilen und mit dem braunen Zucker bestreuen. Die Butterkekse und Cornflakes in einen Gefrierbeutel geben und nicht zu fein zerdrücken.

2 Die Margarine mit den Butterkeks- und Cornflakesstücken und 1 Prise Zimtpulver zu Streuseln verkneten. Die Beeren mit den Streuseln bestreuen. Die Crumbles im heißen Ofen auf der mittleren Schiene ca. 15 Minuten backen, bis die Streusel goldbraun sind. Aus dem Ofen holen und servieren.

fruchtig-fein

Crêpes mit Pflaumen-Cranberry-Kompott

pro Person

6 SmartPoints Wert

Zutaten für 2 Personen:

2 Crêpes (à 60 g, aus dem Kühlregal)
4 Pflaumen
25 g getrocknete Cranberrys
1 EL Zitronensaft
1/4 TL Zimtpulver
gemahlener Kardamom

1 Die Crêpes in einer beschichteten Pfanne ohne Fett (oder in der Mikrowelle) kurz erwärmen. Die Pflaumen waschen, halbieren und die Steine entfernen. Das Fruchtfleisch in Spalten schneiden. Die Pflaumenspalten mit den Cranberrys, 3 EL Wasser und dem Zitronensaft in einen kleinen Topf geben. Bei schwacher Hitze ca. 5 Minuten dünsten.

2 Das Kompott mit dem Zimtpulver und 1 Prise Kardamom verfeinern. Die Crêpes auf Dessertteller geben, mit dem Pflaumen-Cranberry-Kompott füllen, zusammenklappen und servieren.

raffiniert

Gratinierte Feigen

pro Person

3 SmartPoints Wert

Zutaten für 2 Personen:

4 Feigen
1 Ei
3 EL Magerquark
1 Päckchen Vanillezucker
einige Tropfen Rumaroma

Außerdem
2 ofenfeste Förmchen (Ø ca. 10 cm)

1 Den Backofen auf 200 °C (Gas Stufe 3, Umluft 180 °C) vorheizen. Die Feigen waschen, vierteln und auf zwei kleine ofenfeste Formen verteilen. Das Ei trennen. Den Quark mit Eigelb, Vanillezucker und Rumaroma verrühren.

2 Das Eiweiß leicht steif schlagen und unter die Quarkmischung heben. Quark-Ei-Masse auf den Feigen verteilen. Im heißen Ofen auf der mittleren Schiene 12–15 Minuten gratinieren und servieren.

für die große Runde

Blaubeerpfannkuchen aus dem Ofen

pro Stück

4 SmartPoints Wert

Zutaten für 1 Backblech (12 Stück):

3 Eier
250 g Mehl
4 EL kohlensäurehaltiges Mineralwasser
500 ml fettarme Milch
2 EL Zucker
300 g Blaubeeren
½ TL Zimtpulver

1 Ein Backblech mit Wasser anfeuchten, mit Backpapier belegen und in den Backofen schieben. Den Backofen auf 220 °C (Gas Stufe 4, Umluft 200 °C) vorheizen.

2 Die Eier mit dem Mehl, Mineralwasser, Milch und Zucker in einer Schüssel zu einem glatten Teig verrühren und auf das heiße Backblech geben.

3 Die Blaubeeren waschen, trocken tupfen und auf dem Teig verteilen. Den Pfannkuchen im heißen Ofen auf der mittleren Schiene 8–10 Minuten backen. Den Blaubeerpfannkuchen aus dem Ofen holen, mit dem Zimtpulver bestäuben und in 12 Stücke schneiden und servieren.

TIPP!

Sie können anstelle der frischen auch 300 g gefrorene Heidelbeeren auf dem Teig verteilen.

knusperfein für zwischendurch

Aprikosen-Mandel-Ecken

pro Person

5 SmartPoints Wert

Zutaten für 2 Personen:

1 Scheibe Blätterteig (45 g; TK)
4 TL kalorienreduzierte Aprikosenkonfitüre
1 EL gehackte Mandeln

1 Den Backofen auf 180 °C (Gas Stufe 2, Umluft 160 °C) vorheizen. Den Blätterteig leicht auf ca. 20 x 20 cm ausrollen und auf ein mit Backpapier belegtes Backblech legen.

2 Den Blätterteig mit der Konfitüre bestreichen und mit den gehackten Mandeln bestreuen. Im heißen Ofen auf der mittleren Schiene 13–15 Minuten backen. In vier Dreiecke schneiden und servieren.

TIPP!

Die Aprikosen-Mandel-Ecken schmecken besonders gut mit frischem Obstsalat.

ein Hingucker

Torteletts mit Himbeerquark

pro Stück

10 SmartPoints Wert

Zutaten für 2 Stück:

75 g Himbeeren
250 g Magerquark
25 g Mascarpone light
1/2 EL Zucker
2 EL Kirschsaft
2 Mürbeteigtorteletts (à 25 g)
4 Blättchen Minze

1 Die Himbeeren vorsichtig waschen und trocken tupfen. Den Quark mit Mascarpone, Zucker und Kirschsaft glatt rühren.

2 Die Torteletts mit etwas Quark-Mascarpone-Creme bestreichen und mit den Himbeeren belegen. Die restliche Creme darauf verteilen. Die Minzeblättchen waschen und trocken reiben. Die Torteletts mit je 2 Minzeblättchen garnieren und servieren.

TIPP!

Dieses unkomplizierte und köstliche Rezept eignet sich auch für Gäste. Einfach die Mengen entsprechend der Zahl der Gäste vervielfachen.

für liebe Gäste

Schoko-Kirsch-Torte

pro Stück

6 SmartPoints Wert

Zutaten für 16 Stück:

1 Glas ungezuckerte Schattenmorellen (350 g Abtropfgewicht)
250 g Cremefine zum Schlagen
6 EL Kakaogetränkepulver
200 g Magerquark
1 EL Schokoladenstreusel
1 Biskuitteigboden (250 g, Fertigprodukt)

1 Die Schattenmorellen in ein Sieb abgießen und gut abtropfen lassen. Die Cremefine mit dem Kakaogetränkepulver steif schlagen. Den Quark mit einer Gabel glatt rühren und die Kakaosahne sowie die Schokoladenstreusel untermischen.

2 Den Biskuitboden mit der Creme bestreichen und die Schattenmorellen darauf verteilen. Die Schoko-Kirsch-Torte in 16 Stücke schneiden und sofort servieren.

Rezepte von A bis Z

Hier finden Sie alle Rezepte alphabetisch sowie nach Hauptzutaten (Fisch, Kartoffeln usw.) oder Rezeptarten (Salat, Suppe usw.) geordnet. Die Zahl hinter dem Rezeptnamen in Klammern zeigt den *SmartPoints* Wert des jeweiligen Rezepts an.

A

Ananas
- Fruchtspieße mit Orangen-Joghurt-Dip (3) 150
- Süßer Couscous mit Datteln und Feigen (6) 149
- Vanilleeis mit gebackener Ananas (7) 156

Äpfel
- Apfel-Amarettini-Creme (6) 152
- Grüne Grütze mit Vanillesauce (3) 143
- Himmel und Erde (11) 72
- Käse-Wurst-Salat (10) 19
- Matjessalat mit Joghurtdressing und Pumpernickel (12) 39

Aprikosen
- Aprikosen-Mandel-Ecken (5) 164
- Putensteaks mit Möhrenreis und Aprikosensauce (8) 44

Aprikosenkonfitüre: Aprikosen-Mandel-Ecken (5) 164
Artischockenherzen: Nudelauflauf mit Artischocken (11) 104
Asiapfanne, schnelle, mit Cashewkernen (7) 114
Asiasalat mit Glasnudeln (7) 12
Asiatischer Pfannkuchen vom Blech (13) 112

Auberginen
- Auberginen-Linsen-Pfanne mit Räuchertofu (12) 125
- Auberginen-Möhren-Curry mit Reis (13) 108
- Kartoffel-Gemüse-Pfanne mit Knoblauchjoghurt (9) 96
- Maultaschen-Auberginen-Pfanne mit Thymiandip (10) 55

Austernpilze: Gemüse-Mango-Pfanne (8) 134

B

Backerbsen-Gemüse-Suppe (8) 132

Banane
- Gebratene Bananen mit Zimtcreme (5) 153
- Schoko-Minze-Creme (5) 140

Beeren
- Beeren-Crumble mit Zimtstreuseln (6) 158
- Marsalabeeren mit Baiser (5) 157

Birnen
- Schupfnudeln mit Birnenmus (4) 154

Biskuitteig: Schoko-Kirsch-Torte (6) 167
Blätterteig: Aprikosen-Mandel-Ecken (5) 164
Blaubeerpfannkuchen aus dem Ofen (4) 162
Blitzpaella mit Shrimps (10) 84

Blumenkohl
- Blumenkohl-Curry-Suppe mit Koriander-Pistou (9) 102
- Puten-Kokos-Curry mit Blumenkohl und Couscous (12) 56

Bohnen, grüne: Schnitzel-Spätzle-Pfanne mit grünen Bohnen (9) 49

Bohnen, weiße
- Bohnencreme mit Gemüsesticks (4) 17
- Tofuchili mit Paprikastreifen und Tortillachips (12) 101

Bratwürstchen: Würstchen-Kraut-Pfanne (11) 66

Brokkoli
- Gemüse-Mango-Pfanne (8) 134
- Orangenhähnchen mit Kartoffel-Brokkoli-Püree (8) 47
- Schupfnudelpfanne mit Brokkoli (13) 120

Bulgur: Pikante Teriyaki-Spieße mit Spinatbulgur (8) 65

Butterkeks
- Beeren-Crumble mit Zimtstreuseln (6) 158
- Grüne Grütze mit Vanillesauce (3) 143

C

Camembertsteaks mit Salat (9) 54

Cashewkerne
- Pikante Teriyaki-Spieße mit Spinatbulgur (8) 65
- Schnelle Asiapfanne mit Cashewkernen (7) 114

Champignons
- Bunter Nudelsalat (9) 24
- Gefüllte Champignons auf Rucolasalat (10) 107
- Gemüse-Mango-Pfanne (8) 134
- Semmelknödel mit Lauch-Champignon-Rahm (10) 109

Chinakohl
- Asiatischer Pfannkuchen vom Blech (13) 112
- Schweinefleisch-Chinakohl-Pfanne mit Sojasprossen-Reis (10) 68

Cookie-Eis mit Orangen (6) 144

Couscous
- Lamm-Spinat-Pfanne mit Couscous (9) 74
- Orientalischer Couscous-Salat (7) 34
- Puten-Kokos-Curry mit Blumenkohl und Couscous (12) 56
- Süßer Couscous mit Datteln und Feigen (6) 149

Cranberrys: Crêpes mit Pflaumen-Cranberry-Kompott (6) 160
Crêpes mit Pflaumen-Cranberry-Kompott (6) 160
Crostini mit Garnelenaufstrich (5) 41
Crumble: Beeren-Crumble mit Zimtstreuseln (6) 158

Currypaste
- Auberginen-Möhren-Curry mit Reis (13) 108
- Blumenkohl-Curry-Suppe mit Koriander-Pistou (9) 102

Currypulver
- Gemüse-Mango-Pfanne (8) 134
- Pellkartoffeln mit Currywirsing (11) 121

E

Eier
- Asiatischer Pfannkuchen vom Blech (13) 112
- Blaubeerpfannkuchen aus dem Ofen (4) 162
- Eier in Kerbel-Senf-Sauce mit Pellkartoffeln (11) 110
- Gratinierte Feigen (3) 161
- Lachsschnecken (6) 40
- Marsalabeeren mit Baiser (5) 157
- Mediterranes Thunfischomelett (10) 79

Eis
- Cookie-Eis mit Orangen (6) 144
- Vanilleeis mit gebackener Ananas (7) 156

Eisbergsalat: Veggie-Pita mit Tofu (10) 119
Entenbrust, geräucherte: Marinierte Rote Bete mit Entenbrust (5) 29

Erbsen
Bunte Gemüse-Nudel-Pfanne mit Frischkäse (12) 126
Bunter Nudelsalat (9) 24
Feine Erbsensuppe mit Estragon (12) 133
Gemüseomelett mit Schafkäse (12) 122
Tomaten-Risi-Pisi mit Zitronenfisch (8) 86
Erdbeeren: Milchreis mit Erdbeeren (8) 148
Erdnussbutter: Pfannengemüse mit Erdnusssauce und Basmatireis (9) 95

F
Feigen, gratinierte (3) 161
Feine Erbsensuppe mit Estragon (12) 133
Filoteig: Tatarpäckchen mit Eisbergsalat (11) 59
Fisch
Kartoffel-Spargel-Salat mit geräuchertem Forellenfilet (7) 27
Lachsfilet mit Nudeln in Kräutersauce (13) 83
Mediterranes Thunfischomelett (10) 79
Scharfer Fischburger mit Paprika (8) 78
Tomaten-Risi-Pisi mit Zitronenfisch (8) 86
Tomatenfisch mit Zucchinipolenta (11) 80
Forellenfilet: Kartoffel-Spargel-Salat mit geräuchertem Forellenfilet (7) 27
Frischkäse
Bunte Gemüse-Nudel-Pfanne mit Frischkäse (12) 126
Gefüllte Champignons auf Rucolasalat (10) 107
Gemüse-Mango-Pfanne (8) 134
Gemüsekuchen mit Kräuterguss und Salat (6) 98
Lachsschnecken (6) 40
Mini-Paprika mit Käse-Kräuter-Füllung (3) 22
Putengeschnetzeltes mit Spitzkohl und Rösti (10) 48
Rosenkohl-Gnocchi-Pfanne (7) 61
Schnitzel-Spätzle-Pfanne mit grünen Bohnen (9) 49
Spargel-Garnelen-Pfanne mit Guacamole (9) 89
Tortellini Carbonara mit Gurkensalat (13) 77
Fruchtspieße mit Orangen-Joghurt-Dip (3) 150

G
Garnelen
Crostini mit Garnelenaufstrich (5) 41
Garnelen-Spinat-Pfanne (9) 85
Knoblauchgarnelen mit Joghurtdip (3) 28
Spargel-Garnelen-Pfanne mit Guacamole (9) 89
Gebratene Bananen mit Zimtcreme (5) 153
Geflügel
Italienische Hähnchenpfanne (6) 53
Orangenhähnchen mit Kartoffel-Brokkoli-Püree (8) 47
Puten-Kokos-Curry mit Blumenkohl und Couscous (12) 56
Putengeschnetzeltes mit Spitzkohl und Rösti (10) 48
Putensteaks mit Möhrenreis und Aprikosensauce (8) 44
Reis-Geflügel-Salat mit Papaya (11) 15
Tex-Mex-Hähnchensteaks in würziger Tomatensauce (7) 50
Gefüllte Champignons auf Rucolasalat (10) 107
Gemüsekuchen mit Kräuterguss und Salat (6) 98
Gemüse-Mango-Pfanne (8) 134
Gemüse-Nudel-Pfanne, bunte, mit Frischkäse (12) 126
Gemüseomelett mit Schafkäse (12) 122
Glasnudeln: Asiasalat mit Glasnudeln (7) 12
Gnocchi: Rosenkohl-Gnocchi-Pfanne (7) 61
Gorgonzola: Schupfnudelpfanne mit Brokkoli (13) 120
Gratinierte Feigen (3) 161
Grüne Grütze mit Vanillesauce (3) 143
Gurke
Eier in Kerbel-Senf-Sauce mit Pellkartoffeln (11) 110
Orientalischer Couscous-Salat (7) 34
Tortellini Carbonara mit Gurkensalat (13) 77

H
Hähnchen
Italienische Hähnchenpfanne (6) 53
Orangenhähnchen mit Kartoffel-Brokkoli-Püree (8) 47
Tex-Mex-Hähnchensteaks in würziger Tomatensauce (7) 50
Hefeteig: Gemüsekuchen mit Kräuterguss und Salat (6) 98
Himbeeren: Torteletts mit Himbeerquark (10) 165
Himmel und Erde (11) 72

I
Insalata tonno mit Oliven (4) 31
Italienische Hähnchenpfanne (6) 53

J
Joghurt
Apfel-Amarettini-Creme (6) 152
Eier in Kerbel-Senf-Sauce mit Pellkartoffeln (11) 110
Fruchtspieße mit Orangen-Joghurt-Dip (3) 150
Gebratene Bananen mit Zimtcreme (5) 153
Kartoffel-Gemüse-Pfanne mit Knoblauchjoghurt (9) 96
Knoblauchgarnelen mit Joghurtdip (3) 28
Matjessalat mit Joghurtdressing und Pumpernickel (12) 39
Schoko-Minze-Creme (5) 140

K
Kakao
Apfel-Amarettini-Creme (6) 152
Schoko-Kirsch-Torte (6) 167
Kalb: Saltimbocca-Spieße mit Tomaten-Carpaccio (10) 62
Karambole: Fruchtspieße mit Orangen-Joghurt-Dip (3) 150
Kartoffeln
Eier in Kerbel-Senf-Sauce mit Pellkartoffeln (11) 110
Himmel und Erde (11) 72
Kartoffel-Gemüse-Pfanne mit Knoblauchjoghurt (9) 96
Kartoffel-Spargel-Salat mit geräuchertem Forellenfilet (7) 27
Orangenhähnchen mit Kartoffel-Brokkoli-Püree (8) 47
Pellkartoffeln mit Currywirsing (11) 121
Putengeschnetzeltes mit Spitzkohl und Rösti (10) 48
Schweinemedaillons im Serranomantel (10) 71
Würstchen-Kraut-Pfanne (11) 66
Würzige Kartoffel-Kürbis-Suppe (9) 103
Käse
Bunter Nudelsalat (9) 24
Käse-Wurst-Salat (10) 19
Nudelauflauf mit Artischocken (11) 104
Kichererbsen-Spinat-Salat (7) 35
Kidneybohnen
Tex-Mex-Hähnchensteaks in würziger Tomatensauce (7) 50
Tofuchili mit Paprikastreifen und Tortillachips (12) 101
Kirschen
Schnelle Kirschcreme (6) 145
Schoko-Kirsch-Torte (6) 167

Kiwi: Grüne Grütze mit Vanillesauce (3) 143
Knoblauchgarnelen mit Joghurtdip (3) 28
Knödel: Semmelknödel mit Lauch-Champignon-Rahm (10) 109
Kokosmilch
Auberginen-Möhren-Curry mit Reis (13) 108
Puten-Kokos-Curry mit Blumenkohl und Couscous (12) 56
Kopfsalat
Lachsschnecken (6) 40
Reispapierrollen mit Mango-Salat-Füllung (4) 36
Kräuter
Gemüsekuchen mit Kräuterguss und Salat (6) 98
Lachsfilet mit Nudeln in Kräutersauce (13) 83
Mini-Paprika mit Käse-Kräuter-Füllung (3) 22
Krautfleckerl mit Schinkenwürfeln (10) 60
Krautsalat: Veggie-Pita mit Tofu (10) 119
Kürbis: Würzige Kartoffel-Kürbis-Suppe (9) 103

L

Lachs
Lachsfilet mit Nudeln in Kräutersauce (13) 83
Lachsschnecken (6) 40
Lamm-Spinat-Pfanne mit Couscous (9) 74
Lauch: Semmelknödel mit Lauch-Champignon-Rahm (10) 109
Leipziger Allerlei: Gemüsekuchen mit Kräuterguss und Salat (6) 98
Linguine
Linguine mit Mangold-Chili-Sauce (12) 92
Nudeln mit Zucchini-Tomaten-Sauce (11) 115
Linsen, rote: Auberginen-Linsen-Pfanne mit Räuchertofu (12) 125
Linsensuppe mit Spätzle (13) 67

M

Mais
Blitzpaella mit Shrimps (10) 84
Reis-Geflügel-Salat mit Papaya (11) 15
Tex-Mex-Hähnchensteaks in würziger Tomatensauce (7) 50
Mandeln, gehackte: Aprikosen-Mandel-Ecken (5) 164
Mango
Gemüse-Mango-Pfanne (8) 134
Reispapierrollen mit Mango-Salat-Füllung (4) 36
Mangold: Linguine mit Mangold-Chili-Sauce (12) 92
Marinierte Rote Bete mit Entenbrust (5) 29
Marsalabeeren mit Baiser (5) 157
Marzipan: Marsalabeeren mit Baiser (5) 157
Mascarpone: Torteletts mit Himbeerquark (10) 165
Matjessalat mit Joghurtdressing und Pumpernickel (12) 39
Maultaschen-Auberginen-Pfanne mit Thymiandip (10) 55
Mediterrane Reisnudelpfanne mit Schafkäse (8) 97
Mediterranes Thunfischomelett (10) 79
Milchreis mit Erdbeeren (8) 148
Mini-Paprika mit Käse-Kräuter-Füllung (3) 22
Minipizza »Spinat-Mozzarella« (7) 32
Möhren
Asiasalat mit Glasnudeln (7) 12
Auberginen-Möhren-Curry mit Reis (13) 108
Bohnencreme mit Gemüsesticks (4) 17
Bunte Gemüse-Nudel-Pfanne mit Frischkäse (12) 126
Möhrenrösti mit Quarkdip (9) 128
Pellkartoffeln mit Currywirsing (11) 121
Putensteaks mit Möhrenreis und Aprikosensauce (8) 44
Mortadella: Käse-Wurst-Salat (10) 19
Mozzarella: Minipizza »Spinat-Mozzarella« (7) 32
Mungobohnensprossen: Reispapierrollen mit Mango-Salat-Füllung (4) 36
Mürbeteigtortelett
Schnelle Kirschcreme (6) 145
Torteletts mit Himbeerquark (10) 165

N

Nudeln
Bunter Nudelsalat (9) 24
Krautfleckerl mit Schinkenwürfeln (10) 60
Lachsfilet mit Nudeln in Kräutersauce (13) 83
Linguine mit Mangold-Chili-Sauce (12) 92
Mediterrane Reisnudelpfanne mit Schafkäse (8) 97
Nudelauflauf mit Artischocken (11) 104
Nudeln mit Zucchini-Tomaten-Sauce (11) 115
Tortellini Carbonara mit Gurkensalat (13) 77
Tortelliniauflauf mit Ziegenkäse (13) 116

O

Oliven: Insalata tonno mit Oliven (4) 31
Orangen
Cookie-Eis mit Orangen (6) 144
Fruchtspieße mit Orangen-Joghurt-Dip (3) 150
Orangenhähnchen mit Kartoffel-Brokkoli-Püree (8) 47
Orientalischer Couscous-Salat (7) 34

P

Papaya: Reis-Geflügel-Salat mit Papaya (11) 15
Paprikaschoten
Blitzpaella mit Shrimps (10) 84
Insalata tonno mit Oliven (4) 31
Mini-Paprika mit Käse-Kräuter-Füllung (3) 22
Scharfer Fischburger mit Paprika (8) 78
Tofuchili mit Paprikastreifen und Tortillachips (12) 101
Parmaschinken
Pizza Parma mit Rucola (4) 73
Saltimbocca-Spieße mit Tomaten-Carpaccio (10) 62
Parmesan
Backerbsen-Gemüse-Suppe (8) 132
Nudeln mit Zucchini-Tomaten-Sauce (11) 115
Pizza Parma mit Rucola (4) 73
Rucola-Tomaten-Risotto (10) 131
Saltimbocca-Spieße mit Tomaten-Carpaccio (10) 62
Tomatenfisch mit Zucchinipolenta (11) 80
Pellkartoffeln mit Currywirsing (11) 121
Pfannengemüse mit Erdnusssauce und Basmatireis (9) 95
Pfannkuchen
Asiatischer Pfannkuchen vom Blech (13) 112
Blaubeerpfannkuchen aus dem Ofen (4) 162
Pflaumen
Crêpes mit Pflaumen-Cranberry-Kompott (6) 160
Physalis: Fruchtspieße mit Orangen-Joghurt-Dip (3) 150
Pikante Teriyaki-Spieße mit Spinatbulgur (8) 65
Pilzgeschnetzeltes mit Spätzle (13) 137
Pita: Veggie-Pita mit Tofu (10) 119
Pizza
Minipizza »Spinat-Mozzarella« (7) 32
Pizza Parma mit Rucola (4) 73

Polenta: Tomatenfisch mit Zucchinipolenta (11) 80
Pumpernickel: Matjessalat mit Joghurtdressing und Pumpernickel (12) 39
Pute
Bunter Nudelsalat (9) 24
Puten-Kokos-Curry mit Blumenkohl und Couscous (12) 56
Putengeschnetzeltes mit Spitzkohl und Rösti (10) 48
Putensteaks mit Möhrenreis und Aprikosensauce (8) 44
Reis-Geflügel-Salat mit Papaya (11) 15

Q

Quark
Apfel-Amarettini-Creme (6) 152
Crostini mit Garnelenaufstrich (5) 41
Gratinierte Feigen (3) 161
Möhrenrösti mit Quarkdip (9) 128
Schnelle Kirschcreme (6) 145
Schoko-Kirsch-Torte (6) 167
Tatarpäckchen mit Eisbergsalat (11) 59
Torteletts mit Himbeerquark (10) 165

R

Radieschen
Eier in Kerbel-Senf-Sauce mit Pellkartoffeln (11) 110
Käse-Wurst-Salat (10) 19
Räucherlachs: Lachsschnecken (6) 40
Reibekuchenteig: Möhrenrösti mit Quarkdip (9) 128
Reis
Auberginen-Möhren-Curry mit Reis (13) 108
Blitzpaella mit Shrimps (10) 84
Gemüse-Mango-Pfanne (8) 134
Milchreis mit Erdbeeren (8) 148
Pfannengemüse mit Erdnusssauce und Basmatireis (9) 95
Putensteaks mit Möhrenreis und Aprikosensauce (8) 44
Reis-Geflügel-Salat mit Papaya (11) 15
Rucola-Tomaten-Risotto (10) 131
Schnelle Asiapfanne mit Cashewkernen (7) 114
Schweinefleisch-Chinakohl-Pfanne mit Sojasprossen-Reis (10) 68
Tofupfanne mit Reis und Spinat (11) 127
Tomaten-Risi-Pisi mit Zitronenfisch (8) 86
Reisnudeln: Mediterrane Reisnudelpfanne mit Schafkäse (8) 97
Reispapierrollen mit Mango-Salat-Füllung (4) 36
Rind
Camembertsteaks mit Salat (9) 54
Pikante Teriyaki-Spieße mit Spinatbulgur (8) 65
Tatarpäckchen mit Eisbergsalat (11) 59
Roastbeef: Reispapierrollen mit Mango-Salat-Füllung (4) 36
Romanasalat
Insalata tonno mit Oliven (4) 31
Salatschiffchen mit Sellerie-Schinken-Füllung (1) 23
Rosenkohl-Gnocchi-Pfanne (7) 61
Rösti: Putengeschnetzeltes mit Spitzkohl und Rösti (10) 48
Rotbarschfilet: Tomatenfisch mit Zucchinipolenta (11) 80
Rote Bete: Marinierte Rote Bete mit Entenbrust (5) 29
Rucola
Gefüllte Champignons auf Rucolasalat (10) 107
Italienische Hähnchenpfanne (6) 53
Pizza Parma mit Rucola (4) 73
Rucola-Spargel-Salat mit karamellisierten Walnüssen (7) 20
Rucola-Tomaten-Risotto (10) 131

S

Salat
Asiasalat mit Glasnudeln (7) 12
Bunter Nudelsalat (9) 24
Camembertsteaks mit Salat (9) 54
Gemüsekuchen mit Kräuterguss und Salat (6) 98
Gemüseomelett mit Schafkäse (12) 122
Insalata tonno mit Oliven (4) 31
Käse-Wurst-Salat (10) 19
Kichererbsen-Spinat-Salat (7) 35
Lachsfilet mit Nudeln in Kräutersauce (13) 83
Matjessalat mit Joghurtdressing und Pumpernickel (12) 39
Orientalischer Couscous-Salat (7) 34
Reis-Geflügel-Salat mit Papaya (11) 15
Rucola-Spargel-Salat mit karamellisierten Walnüssen (7) 20
Tatarpäckchen mit Eisbergsalat (11) 59
Tortellini Carbonara mit Gurkensalat (13) 77
Salatschiffchen mit Sellerie-Schinken-Füllung (1) 23
Saltimbocca-Spieße mit Tomaten-Carpaccio (10) 62
Sauerkraut
Krautfleckerl mit Schinkenwürfeln (10) 60
Würstchen-Kraut-Pfanne (11) 66
Schafkäse
Garnelen-Spinat-Pfanne (9) 85
Gefüllte Champignons auf Rucolasalat (10) 107
Gemüseomelett mit Schafkäse (12) 122
Kichererbsen-Spinat-Salat (7) 35
Mediterrane Reisnudelpfanne mit Schafkäse (8) 97
Scharfer Fischburger mit Paprika (8) 78
Schattenmorellen: Schoko-Kirsch-Torte (6) 167
Schinken
Krautfleckerl mit Schinkenwürfeln (10) 60
Rosenkohl-Gnocchi-Pfanne (7) 61
Salatschiffchen mit Sellerie-Schinken-Füllung (1) 23
Tortellini Carbonara mit Gurkensalat (13) 77
Wasabi-Schinken-Röllchen mit Röstbaguette (6) 16
Schmand: Pellkartoffeln mit Currywirsing (11) 121
Schnelle Asiapfanne mit Cashewkernen (7) 114
Schnelle Kirschcreme (6) 145
Schnitzel-Spätzle-Pfanne mit grünen Bohnen (9) 49
Schokocrossies, scharfe (1) 146
Schokolade
Scharfe Schokocrossies (1) 146
Schnelle Kirschcreme (6) 145
Schoko-Kirsch-Torte (6) 167
Schoko-Minze-Creme (5) 140
Schupfnudeln mit Birnenmus (4) 154
Schupfnudelpfanne mit Brokkoli (13) 120
Schwein
Schnitzel-Spätzle-Pfanne mit grünen Bohnen (9) 49
Schweinefleisch-Chinakohl-Pfanne mit Sojasprossen-Reis (10) 68
Schweinemedaillons im Serranomantel (10) 71
Seelachsfilet
Scharfer Fischburger mit Paprika (8) 78
Tomaten-Risi-Pisi mit Zitronenfisch (8) 86

Sellerie
Bohnencreme mit Gemüsesticks (4) 17
Salatschiffchen mit Sellerie-Schinken-Füllung (1) 23
Semmelknödel mit Lauch-Champignon-Rahm (10) 109
Serranoschinken: Schweinemedaillons im Serranomantel (10) 71
Sesam: Tofupfanne mit Reis und Spinat (11) 127
Shrimps: Blitzpaella mit Shrimps (10) 84
Sojabohnensprossen: Schweinefleisch-Chinakohl-Pfanne mit Sojasprossen-Reis (10) 68
Spargel
Gemüseomelett mit Schafkäse (12) 122
Kartoffel-Spargel-Salat mit geräuchertem Forellenfilet (7) 27
Rucola-Spargel-Salat mit karamellisierten Walnüssen (7) 20
Spargel-Garnelen-Pfanne mit Guacamole (9) 89
Spätzle
Linsensuppe mit Spätzle (13) 67
Pilzgeschnetzeltes mit Spätzle (13) 137
Schnitzel-Spätzle-Pfanne mit grünen Bohnen (9) 49
Spinat
Garnelen-Spinat-Pfanne (9) 85
Kichererbsen-Spinat-Salat (7) 35
Lamm-Spinat-Pfanne mit Couscous (9) 74
Minipizza »Spinat-Mozzarella« (7) 32
Pikante Teriyaki-Spieße mit Spinatbulgur (8) 65
Tofupfanne mit Reis und Spinat (11) 127
Tortelliniauflauf mit Ziegenkäse (13) 116
Spitzkohl: Putengeschnetzeltes mit Spitzkohl und Rösti (10) 48
Steinpilze: Gemüse-Mango-Pfanne (8) 134
Suppe
Backerbsen-Gemüse-Suppe (8) 132
Blumenkohl-Curry-Suppe mit Koriander-Pistou (9) 102
Feine Erbsensuppe mit Estragon (12) 133
Linsensuppe mit Spätzle (13) 67
Würzige Kartoffel-Kürbis-Suppe (9) 103

T

Tagliatelle: Lachsfilet mit Nudeln in Kräutersauce (13) 83
Tatarpäckchen mit Eisbergsalat (11) 59
Teriyaki-Sauce: Pikante Teriyaki-Spieße mit Spinatbulgur (8) 65
Tex-Mex-Hähnchensteaks in würziger Tomatensauce (7) 50
Thunfisch
Insalata tonno mit Oliven (4) 31
Mediterranes Thunfischomelett (10) 79
Tofu
Auberginen-Linsen-Pfanne mit Räuchertofu (12) 125
Tofuchili mit Paprikastreifen und Tortillachips (12) 101
Tofupfanne mit Reis und Spinat (11) 127
Veggie-Pita mit Tofu (10) 119
Tomaten
Auberginen-Linsen-Pfanne mit Räuchertofu (12) 125
Bunter Nudelsalat (9) 24
Garnelen-Spinat-Pfanne (9) 85
Italienische Hähnchenpfanne (6) 53
Kartoffel-Spargel-Salat mit geräuchertem Forellenfilet (7) 27
Mediterrane Reisnudelpfanne mit Schafkäse (8) 97
Mediterranes Thunfischomelett (10) 79
Nudelauflauf mit Artischocken (11) 104
Nudeln mit Zucchini-Tomaten-Sauce (11) 115
Orientalischer Couscous-Salat (7) 34
Pizza Parma mit Rucola (4) 73
Rucola-Tomaten-Risotto (10) 131
Saltimbocca-Spieße mit Tomaten-Carpaccio (10) 62
Tex-Mex-Hähnchensteaks in würziger Tomatensauce (7) 50
Tofuchili mit Paprikastreifen und Tortillachips (12) 101
Tomaten-Risi-Pisi mit Zitronenfisch (8) 86
Tortelliniauflauf mit Ziegenkäse (13) 116
Veggie-Pita mit Tofu (10) 119
Tomatenfisch mit Zucchinipolenta (11) 80
Tomatensaft: Linsensuppe mit Spätzle (13) 67
Torte: Schoko-Kirsch-Torte (6) 167
Torteletts mit Himbeerquark (10) 165
Tortellini Carbonara mit Gurkensalat (13) 77
Tortelliniauflauf mit Ziegenkäse (13) 116
Tortillachips: Tofuchili mit Paprikastreifen und Tortillachips (12) 101

V

Vanilleeis
Vanilleeis mit gebackener Ananas (7) 156
Vanillepudding: Schnelle Kirschcreme (6) 145
Vanillesauce: Grüne Grütze mit Vanillesauce (3) 143
Veggie-Pita mit Tofu (10) 119

W

Walnüsse: Rucola-Spargel-Salat mit karamellisierten Walnüssen (7) 20
Wasabi-Schinken-Röllchen mit Röstbaguette (6) 16
Weintrauben
Grüne Grütze mit Vanillesauce (3) 143
Rucola-Spargel-Salat mit karamellisierten Walnüssen (7) 20
Weiße Bohnen
Bohnencreme mit Gemüsesticks (4) 17
Tofuchili mit Paprikastreifen und Tortillachips (12) 101
Wiener Würstchen: Linsensuppe mit Spätzle (13) 67
Wirsing: Pellkartoffeln mit Currywirsing (11) 121
Würstchen-Kraut-Pfanne (11) 66
Würzige Kartoffel-Kürbis-Suppe (9) 103

Z

Ziegenfrischkäse: Tortelliniauflauf mit Ziegenkäse (13) 116
Zucchini
Gemüse-Mango-Pfanne (8) 134
Kartoffel-Gemüse-Pfanne mit Knoblauchjoghurt (9) 96
Nudeln mit Zucchini-Tomaten-Sauce (11) 115
Tomatenfisch mit Zucchinipolenta (11) 80
Zuckerschoten: Schweinemedaillons im Serranomantel (10) 71

Register nach *SmartPoints* Werten

SmartPoints Wert 1

Salatschiffchen mit Sellerie-Schinken-Füllung 23
Scharfe Schokocrossies 146

SmartPoints Wert 3

Fruchtspieße mit Orangen-Joghurt-Dip 150
Gratinierte Feigen 161
Grüne Grütze mit Vanillesauce 143
Knoblauchgarnelen mit Joghurtdip 28
Mini-Paprika mit Käse-Kräuter-Füllung 22

SmartPoints Wert 4

Blaubeerpfannkuchen aus dem Ofen 162
Bohnencreme mit Gemüsesticks 17
Insalata tonno mit Oliven 31
Pizza Parma mit Rucola 73
Reispapierrollen mit Mango-Salat-Füllung 36
Schupfnudeln mit Birnenmus 154

SmartPoints Wert 5

Aprikosen-Mandel-Ecken 164
Crostini mit Garnelenaufstrich 41
Gebratene Bananen mit Zimtcreme 153
Marinierte Rote Bete mit Entenbrust 29
Marsalabeeren mit Baiser 157
Schoko-Minze-Creme 140

SmartPoints Wert 6

Apfel-Amarettini-Creme 152
Beeren-Crumble mit Zimtstreuseln 158
Cookie-Eis mit Orangen 144
Crêpes mit Pflaumen-Cranberry-Kompott 160
Gemüsekuchen mit Kräuterguss und Salat 98
Italienische Hähnchenpfanne 53
Lachsschnecken 40
Schnelle Kirschcreme 145
Schoko-Kirsch-Torte 167
Süßer Couscous mit Datteln und Feigen 149
Wasabi-Schinken-Röllchen mit Röstbaguette 16

SmartPoints Wert 7

Asiasalat mit Glasnudeln 12
Kartoffel-Spargel-Salat mit geräuchertem Forellenfilet 27
Kichererbsen-Spinat-Salat 35
Minipizza »Spinat-Mozzarella« 32
Orientalischer Couscous-Salat 34
Rosenkohl-Gnocchi-Pfanne 61
Rucola-Spargel-Salat mit karamellisierten Walnüssen 20
Schnelle Asiapfanne mit Cashewkernen 114
Tex-Mex-Hähnchensteaks in würziger Tomatensauce 50
Vanilleeis mit gebackener Ananas 156

SmartPoints Wert 8

Backerbsen-Gemüse-Suppe 132
Gemüse-Mango-Pfanne 134
Mediterrane Reisnudelpfanne mit Schafkäse 97
Milchreis mit Erdbeeren 148
Orangenhähnchen mit Kartoffel-Brokkoli-Püree 47
Pikante Teriyaki-Spieße mit Spinatbulgur 65
Putensteaks mit Möhrenreis und Aprikosensauce 44
Scharfer Fischburger mit Paprika 78
Tomaten-Risi-Pisi mit Zitronenfisch 86

SmartPoints Wert 9

Blumenkohl-Curry-Suppe mit Koriander-Pistou 102
Bunter Nudelsalat 24
Camembertsteaks mit Salat 54
Garnelen-Spinat-Pfanne 85
Kartoffel-Gemüse-Pfanne mit Knoblauchjoghurt 96
Lamm-Spinat-Pfanne mit Couscous 74
Möhrenrösti mit Quarkdip 128
Pfannengemüse mit Erdnusssauce und Basmatireis 95
Schnitzel-Spätzle-Pfanne mit grünen Bohnen 49
Spargel-Garnelen-Pfanne mit Guacamole 89
Würzige Kartoffel-Kürbis-Suppe 103

SmartPoints Wert 10

Blitzpaella mit Shrimps 84
Gefüllte Champignons auf Rucolasalat 107
Käse-Wurst-Salat 19
Krautfleckerl mit Schinkenwürfeln 60
Maultaschen-Auberginen-Pfanne mit Thymiandip 55
Mediterranes Thunfischomelett 79
Putengeschnetzeltes mit Spitzkohl und Rösti 48
Rucola-Tomaten-Risotto 131
Saltimbocca-Spieße mit Tomaten-Carpaccio 62
Schweinefleisch-Chinakohl-Pfanne mit Sojasprossen-Reis 68
Schweinemedaillons im Serranomantel 71
Semmelknödel mit Lauch-Champignon-Rahm 109
Torteletts mit Himbeerquark 165
Veggie-Pita mit Tofu 119

SmartPoints Wert 11

Eier in Kerbel-Senf-Sauce mit Pellkartoffeln 110
Himmel und Erde 72
Nudelauflauf mit Artischocken 104
Nudeln mit Zucchini-Tomaten-Sauce 115
Pellkartoffeln mit Currywirsing 121
Reis-Geflügel-Salat mit Papaya 15
Tatarpäckchen mit Eisbergsalat 59
Tofupfanne mit Reis und Spinat 127
Tomatenfisch mit Zucchinipolenta 80
Würstchen-Kraut-Pfanne 66

SmartPoints Wert 12

Auberginen-Linsen-Pfanne mit Räuchertofu 125
Bunte Gemüse-Nudel-Pfanne mit Frischkäse 126
Feine Erbsensuppe mit Estragon 133
Gemüseomelett mit Schafkäse 122
Linguine mit Mangold-Chili-Sauce 92
Matjessalat mit Joghurtdressing und
Pumpernickel 39
Puten-Kokos-Curry mit Blumenkohl
und Couscous 56
Tofuchili mit Paprikastreifen und Tortillachips 101

SmartPoints Wert 13

Asiatischer Pfannkuchen vom Blech 112
Auberginen-Möhren-Curry mit Reis 108
Lachsfilet mit Nudeln in Kräutersauce 83
Linsensuppe mit Spätzle 67
Pilzgeschnetzeltes mit Spätzle 137
Schupfnudelpfanne mit Brokkoli 120
Tortellini Carbonara mit Gurkensalat 77
Tortelliniauflauf mit Ziegenkäse 116

Mit viel
Genuss zum
Wunsch-
gewicht.
GRATIS
Schnupperstunde
im Treffen
Jenka
- 29 kg
WW
feel
good
Unser Feel Good Programm und die Unterstützung erfahrener Coachs sind eine echte Erfolgskombination. Und die Weight Watchers Community in den Treffen sorgt für die Extraportion Motivation.
Mehr Infos auf: weightwatchers.de
* Weight Watchers ist für Minderjährige, Schwangere und krankhaft Übergewichtige nicht geeignet. Vor Beginn einer Abnahme sollte ärztlicher Rat eingeholt werden. ©2016 Weight Watchers International Inc. Alle Rechte vorbehalten.
weightwatchers

feel good
bei der Arbeit.

Mit gesunder Ernährung und mehr Bewegung motiviert durch den Arbeitsalltag.

Wir bringen unser Programm an Ihren Arbeitsplatz. Das sorgt nicht nur für ein gutes Bauchgefühl, sondern stärkt gleichzeitig den Teamgeist.

Starten Sie jetzt durch.

Interesse an Weight Watchers At Work?
Weitere Informationen unter:
0211-96 86 19 52
atwork@weight-watchers.de
weightwatchers.de/atwork

feel good
weightwatchers

Impressum

© 2016 GRÄFE UND UNZER VERLAG GmbH, München.
Aktualisierte Neuausgabe von Weight Watchers 20-Minuten-Küche, GRÄFE UND UNZER VERLAG GmbH, 2013, ISBN 978-3-8338-2729-7
Alle Rechte vorbehalten. Nachdruck, auch auszugsweise, sowie Verbreitung durch Film, Funk, Fernsehen und Internet, durch fotomechanische Wiedergabe, Tonträger und Datenverarbeitungssysteme jeder Art nur mit schriftlicher Genehmigung des Verlages.

© 2016 by Weight Watchers International Inc., Eigentümer der Marken Weight Watchers und SmartPoints

Projektleitung: Stephanie Wenzel, Marline Ernzer
Redaktion und Projektleitung Weight Watchers: Claudia Braun, Valerie Altmann
Lektorat: Katharina Lisson
Korrektorat: Rita Steininger
Layout: ki 36 Editorial Design, München, Sabine Krohberger, Daniela Hofner
Umschlag: ki 36 Editorial Design, München
Titelfoto: Martina Görlach, Eising Foodphotography, München
Rezeptfotos: Dirk Albrecht, The Food Professionals Köhnen AG, Sprockhövel; S. 147, 149: Klaus Arras, Köln
Foodstyling: Stefan Mungenast, The Food Professionals Köhnen AG, Sprockhövel; S. 147, 149: Katja Briol
Weitere Fotos: S. 6: Weight Watchers Deutschland GmbH; S. 8: privat; S. 9: Fotograf: Tania Walck, Styling: Kirsten Benoufa, Visagist: Anett Starke; Umschlag innen: iStock (li.o.), Fotolia (re.o.), Kramp + Gölling, Hamburg (li.u + re.u)
Herstellung: Markus Plötz
Repro: Repro Ludwig, Zell am See
Satz: Kontraste, Gröbenzell
Druck und Bindung: F+W, Kienberg

ISBN 978-3-8338-5789-8
2. Auflage 2017

Die GU-Homepage finden Sie im Internet unter www.gu.de

Umwelthinweis
Dieses Buch ist auf PEFC-zertifiziertem Papier aus nachhaltiger Waldwirtschaft gedruckt.

www.facebook.com/gu.verlag

QUALITÄTS G|U GARANTIE

Liebe Leserin, lieber Leser,

haben wir Ihre Erwartungen erfüllt? Sind Sie mit diesem Buch zufrieden? Haben Sie weitere Fragen zu diesem Thema? Wir freuen uns auf Ihre Rückmeldung, auf Lob, Kritik und Anregungen, damit wir für Sie immer besser werden können.

GRÄFE UND UNZER Verlag
Leserservice
Postfach 86 03 13
81630 München
E-Mail:
leserservice@graefe-und-unzer.de

Telefon: 00800 / 72 37 33 33*
Telefax: 00800 / 50 12 05 44*
Mo–Do: 9.00 – 17.00 Uhr
Fr: 9.00 – 16.00 Uhr
(gebührenfrei in D, A, CH)*

Ihr GRÄFE UND UNZER Verlag
Der erste Ratgeberverlag – seit 1722.

GRÄFE UND UNZER

Ein Unternehmen der
GANSKE VERLAGSGRUPPE